Freud und Leid des Seglers Gustaf

Wolfgang J. Krauss

Wolfgang J. Krauss

Freud und Leid des Seglers GUSTAF

Verlag Delius, Klasing & Co
Bielefeld

5. Auflage

ISBN 3-7688-0171-3

Printed in Germany 1979
Zeichnungen: Kurt Schmischke
Gesamtherstellung: Kunst- und Werbedruck, Bad Oeynhausen

Inhalt

So lauten die Titel der bisher erschienenen Bände: „Die sonderbare Welt des Seglers Gustaf" und „Neue Geschichten vom Segler Gustaf". Sie sind inzwischen so beliebt, daß sie bereits in 6. Auflage erschienen sind. Neu erschienen ist als viertes Buch „Gustaf, Szenen aus dem Seglerleben".

Vorwort

Seitdem Segler GUSTAF vor Jahren in der YACHT das Licht der Welt erblickte, haben die in vielen Auflagen erschienenen Bücher DIE SONDERBARE WELT DES SEGLERS GUSTAF und NEUE GESCHICHTEN VOM SEGLER GUSTAF unzählige Anhänger des Wassersports erfreut.

Der vorliegende Band enthält nun die letzten Erlebnisse Gustafs, womit wir zugleich von ihm Abschied nehmen müssen. Wir sagen es mit Bedauern, denn es scheint, je länger man mit ihm lebt, desto mehr ist er einem ans Herz gewachsen. Und es wird auch immer deutlicher, daß hinter seiner schrulligen Eigenbrötelei eine gehörige Portion Gesellschaftskritik steckt. Vielleicht ist es das, was ihn so menschlich macht. Vielleicht ist es aber auch die rührende Ungeschicklichkeit, mit der er seine Umwelt — vergeblich — nach seinen Vorstellungen glücklich zu machen versucht.

Ergötzen wir uns also ein letztes Mal an seinem Kampf gegen die Tücken des menschlichen Daseins — insbesondere des Seglerlebens. Aber bedauern wir ihn nicht um der Opfer willen, die er seinem Hobby — meist unter heftigem Fluchen und Stöhnen — bringt. Denn wie sagt der Heidedichter Löns so schön im Zweiten Gesicht: „Übrigens kann so etwas nie genug kosten, denn nur die Vergnügen, die uns ruinieren, haben wirklichen Reiz."

Könnte er diesen Satz nicht Gustaf oder einem seiner Artgenossen ins Logbuch geschrieben haben?

Der Verlag

Vatertag

Himmelfahrt geht man nicht aufs Wasser, sagt man an der Küste. Diese Meinung hat sich seit Menschengedenken beharrlich in den Köpfen der Küstenbewohner eingenistet. Niemand weiß warum. Aber es ist so.

Gustaf ist natürlich nicht abergläubisch. Aber mit Himmelfahrt ist das etwas anderes. An der Sache muß was dran sein. Und deshalb bleibt er lieber im Hafen. Sicher ist sicher.

Die Kollegen im Betrieb necken ihn. Gustaf, wie wär's mit einem Vatertagsausflug auf deinem Kahn? — „Quatsch", sagt Gustaf. Aber die Männer lassen nicht locker. Sie sind ihm wohl nicht fein genug. Oder?

Gustaf will es sich überlegen. Sagt er jedenfalls, obwohl er innerlich längst entschieden hat, es nicht zu tun. Zu Hause fragt er Frieda. „Mußt du selber wissen", sagt Frieda mit sibyllinischer Weiberlist. „Ich will aber gerade d e i n e Meinung hören", bohrt Gustaf weiter, fest entschlossen, nicht auf das zu hören, was Frieda meint.

„Was meine Wenigkeit angeht", sagt Frieda, „ich würde natürlich n i c h t segeln." Aha, so ist das also. Gustaf kratzt sich am Kopf. „Dwatsche Spökenkiekerei", sagt er abfällig, „dummes Altweibergewäsch, warum soll ich Himmelfahrt nicht segeln? Nun gerade."

„Papi, darf ich mit?" fragt Julchen. „God schall mi bewohrn", sagt Gustaf und schüttelt sich. Vatertag mit Gören, das fehlt noch. Aber da hat Frieda schon entschieden: „Natürlich kommt Julchen mit. Dann sauft ihr wenigstens nicht so viel."

Gustaf will protestieren, doch Frieda fällt ihm ins Wort: „Das Kind stört doch nicht. Oder habt ihr etwa was vor, das Julchen nicht sehen darf?"

Gustaf wird rot und stottert: „Nö, wir segeln doch bloß." — „Na also", sagt Frieda.

So segeln sie nach Strande. Fünf starke Männer im Cockpit und Julchen im Vorluk. SINDBAD stippt den Mors tief ins Wasser und zeigt sich von ihrer bockigsten Seite. Sie liegt schlecht auf dem Ruder und zieht gurgelnd eine fette Blasenbahn hinter sich her.

Gustafs aufkeimende Zweifel, ob es richtig war, sich auf dieses Abenteuer einzulassen, werden ertränkt in einer Flut von lauwarmem Bier, munter dazwischen gestreuten Schnäpsen und heldischen Wehrgesängen aus Deutschlands unbewältigten Tagen.

Gustaf zeigt sich dem Tempo der Fidelitas nicht ganz gewachsen. Als sie beim Passieren des Möltenorter U-Boot-Denkmals aus vollen Kehlen „denn wir fahren, denn wir fahren . . .“ gröhlen, rammt er fast die dicke Fahrwassertonne. Doch er fängt sich wieder und steuert — leicht beduselt — den Hafen von Strande an.

Dort hauen sich die fünf Argonauten in einer überfüllten Kneipe kalte Koteletts mit Kartoffelsalat und Götterspeise in den Wanst und zischen dazu einige freundliche Helle. Die Stimmung steigt, und die Männer tollen wie Schuljungen. Zuletzt haben sie Tiroler Hüte auf, mit Federn dran, und fahren auf einem Kinderkarussell. Aber das war verkehrt. Jedenfalls für Gustaf, dem sowas selbst in nüchternem Zustand den Magen nach außen stülpt.

Singend und mit roten Köpfen schifft man sich nachmittags ein. Gustaf stört nicht einmal mehr, daß der dicke Müller aus der Expedition beim Ablegen die Fock back setzt, wodurch sich SINDBAD eine schwarze Schramme am Pfahl holt. Aber er weiß trotzdem noch, was sich für

einen Kapitän gehört. „Sünn alle Lüd an Bord?“ fragt er und zählt stotternd ab „een . . . twe . . . dree . . . veer . . . fief — jo, is allens klor. Aff geiht de Post. Schoten dicht!“

Bei Falkenstein werden sie vom Motorboot des Vereinskameraden Struwe überholt. Allerlei buntes Volk läßt dort die Beine über die Reling hängen, darunter eine Masse Gören.

„Kiek mol“, sagt der Expeditions-Müller und zeigt auf das Motorboot, „de Lütt dor süht akkerat ut as dien Jule.“ —

„Jule?“ fragt Gustaf ungläubig. Wie kommt denn die auf das Motorboot? War sie nicht zu Hause bei Frieda? — Doch dann überläuft es ihn plötzlich siedendheiß: Mönsch — ist das Kind nicht auf der Hinfahrt bei ihnen an Bord gewesen? Verdammt — er zermartert seinen Brummschädel, aber er kriegt die Zusammenhänge einfach nicht mehr in die Reihe. Das einzige, was er bestimmt weiß, ist, daß Jule mit ihnen losgesegelt ist. Aber was kam dann, in Strande, beim Mittagessen in der Kneipe und auf dem Karussell? Er weiß es nicht; ihm sind offensichtlich ein paar Stunden in die Bilge gefallen. Wie sind sie überhaupt wieder an Bord gekommen? Wann hat er Julchen zum letzten Mal gesehen?

Als er an das Karussell denkt, macht es huiih — huiih — huiih in seinem Kopf. Er spürt, wie die Luft sich sausend um ihn dreht. Und neben dem weißen Friedrichsorter Leuchtturm steht ein zweiter Turm, der genauso aussieht, der da aber früher nie war.

„Hallo, Vati“, ruft es da mit einmal vom Motorboot herüber, und ein weißes Tüchlein winkt. Dazu quäkt Struwe mit der Hupe sein blödsinniges Überholsignal ‚lang-kurz-kurz-lang‘.

Die Kollegen winken zurück. Sie finden es lustig, daß Gustafs Tochter da drüben auf der Motoryacht nach Hause fährt. Niemand hatte sie auf der Sindbad vermißt. War ja auch besser so. Kinder paßten nicht zu einem Vatertagsausflug. „He, Gustaf, noch’n Lütten ut dem Buddel?“ fragen sie ihn und reichen ihm die Flasche hin.

Gustaf winkt ab. Er ist blaß geworden. Das geht doch nicht, daß Jule von fremden Leuten nach Hause gefahren wird. Die denken wohl gar, er habe sein Kind an Land vergessen. Und Frieda erst . . .

„He“, ruft er hinter dem Musikpott her, „hee, stoppen!“ Julchen soll umsteigen. Er wird es ihr erklären, das mit dem Karussell, und überhaupt . . .

Ihn packt mit einmal schmerzliche Rührung: sein Kind!! Aber das Kind ist bereits um die Tonne 7 gezackt und zeigt Gustaf nur ein breites, braunes, stinkendes Mahagoniheck.

Gustaf ist in tiefste Melancholie versunken. Der ganze Vatertag ist im Eimer. Er schnauzt die fröhlich krakeelenden Kollegen an. Sie sollen sich anständig benehmen auf seinem Schiff. Die Sindbad ist keine Bierschwemme, wo man gröhlen und saufen kann. Der Fördehimmel dreht sich über seinem Kopf, und ihm wird übel.

Im Hafen herrscht Feiertagsbetrieb. Eine Masse Volk drängt sich auf den Stegen. Aber Gustaf ist ganz und gar nicht feiertäglich zumute. An Sindbads Liegeplatz entdeckt er zu seinem Entsetzen Friedas Hellblaues und Julchens Gestreiftes. Hand in Hand. Typisch — die Frauen sind sich mal wieder einig. Und nun warten sie auf ihn.

Einen Augenblick überlegt er, ob er nicht den Motor anwerfen und auf die Förde zurücklaufen soll, bis das Unwetter an Land sich verzogen hat. Aber ist heute nicht Vatertag? Ist er nicht der Herr im Haus? Himmeldingsundsonstwas — den Weibern wird er es diesmal zeigen!

Frieda empfängt ihn mit zusammengekniffenen Lippen. Dabei streicht sie demonstrativ über Julchens Schopf. Vater soll sehen, daß das Kind wahre Liebe nur bei der Mutter findet. „Wat büst du bloß für'n gräsigen Kerl", zischt sie dem Ernährer zu, „vergißt im Suff dein eigen Fleisch und Blut."

Die Kollegen kucken dumm aus der Wäsche. Sie wissen nicht, ob das nun Ernst oder Spaß ist. Sie kennen Frieda nicht.

Gustaf holt tief Luft; es sieht aus, als wolle er die Frauen — pfff — einfach vom Steg blasen. Aber dann spürt er seinen brummenden Schädel. Und seiner hochgeschwellten Brust entringt sich nichts als der gequälte Stoßseufzer:

„Dat kümmt blots dorvon, wenn man Himmelfahrt op See geiht. Heff ick dat nich jümmers seggt?"

Scherbengericht

Gustaf ist kein ausgesprochen leiser Typ. Frieda und Julchen können ein Lied davon singen. Wie oft hat er sie allein schon beim Segelbergen angeblafft. Vielleicht nicht einmal ganz zu Unrecht, aber warum so laut? Muß denn jedesmal der ganze Hafen hören, daß die SINDBAD anlegen will? Doch mit der Zeit haben sie sich daran gewöhnt. Andere Skipper brüllen genauso laut. Es gehört wohl zum Segeln. Wie Seekrankheit und feuchtes Bettzeug.

Gustaf merkt gar nicht, daß er brüllt. Wenn jemand zu ihm sagen würde: „Gustaf, du brüllst", würde er „Quatsch" antworten und gekränkt sein. Er weiß schließlich, was er seiner feinen holsteinischen Herkunft schuldig ist. Sowas verpflichtet. Sind die Norddeutschen denn nicht den Briten nahe verwandt? Na also! — Wer hätte je einen brüllenden Engländer gesehen.

So immun Gustaf gegenüber seinem eigenen Geschrei ist, so empfindsam reagiert er auf fremde Lautstärke. Besonders zur Schlafenszeit. Natürlich kann man sich lange streiten, um wieviel Uhr an Bord Zapfenstreich ist. Die Hafenordnungen sagen darüber nichts, und auch die Fachliteratur schweigt sich in dieser Richtung aus. Auch gibt es Leute, die nachts niemals müde werden. Und manche werden sogar mit zunehmender Späte immer munterer.

Gustaf gehört nicht zu dieser Spezies. Ihm fallen spätestens um 22.00 Uhr die Klüsen dicht. Dann muß das Licht ausgemacht werden, auch wenn Frieda in der Koje noch etwas lesen möchte. Gustaf denkt plötzlich an seine Batterie, die geschont werden muß. Und wenn Frieda meint, sie könne ja die Petroleumfunzel nehmen, dann geht auch das nicht, weil sie (die Lampe) nicht aufgefüllt ist oder der Docht blakt oder . . . ach was, irgendein Grund fällt ihm schon ein.

Fünf Minuten später sägt er dann schon tiefe Kerben in die Decksbalken, während Frieda mit offenen Augen darüber nachdenkt, was sie morgen zum Mittag kochen wird und Julchen im dunklen Vorschiff mit ihrer Taschenlampe ‚Bülker Leuchtfeuer' spielt.

Für gewöhnlich ist es um diese Zeit still im Hafen, denn auf den Nachbarschiffen schlafen auch Gustafs. Doch leider nicht immer. Da jagen dann irgendwelche juvenilen Heimkehrer den letzten Transitschnaps durch kratzende Kehlen und brüllen dazu schön falsch ‚Blu beus blu' oder ‚Örlei in de mornink'. So wie jetzt gerade.

Gustaf wird wach. Und dann böse. Zuerst verschlafen-pikiert, dann hellwachgnatterich, zum Schluß quicklebendigempört und zum Äußersten entschlossen. Außer ihm fühlt sich durch den Gesang anscheinend niemand belästigt. Selbst Frieda, die sonst bei jedem Geräusch aufschreckt, sagt beruhigend: „Laß die Jungs doch feiern." Aber Gustaf hockt schon wie ein gespenstischer Nachtmahr auf der Kojenkante und grabbelt im Dustern nach seiner Büx und den Latschen. Das wär ja noch schöner. Fast Mitternacht, und solch ein Lärm!

SINDBADS Schiebeluk quietscht. Gustaf steckt seinen wirren Schopf oben raus und peilt die Lage: Natürlich wieder die Bande von der HOLDIRAN. Die Bengels waren ihm schon in Kerteminde durch ihr Krakeelen sauer aufgestoßen. Und voriges Jahr im stillen Dyvig auch. Am schlimmsten trieb es der Lange mit der dämlichen Wallensteinfrisur.

„Ruhe, verdammt noch mal!" brüllt Gustaf durch die schwarze Nacht. Aber nur die Nachbarn hören ihn, die bis jetzt noch schliefen, nun aber durch sein Rufen wach geworden sind. Und Frieda natürlich. Und Julchen. Auf HOLDIRAN hat man gerade ein neues Lied angestimmt.

Julchen fragt vom Vorschiff, was los ist, und Frieda zieht Gustaf am Hosenbein. Er soll endlich aufhören mit dem Unsinn und sich wieder hinlegen. Gustaf sagt etwas ziemlich Unanständiges und droht mit der Faust zur HOLDIRAN rüber. Ha, würden die sich ärgern, wenn sie das gesehen hätten. Aber leider ist es dunkel, und außerdem ist bei HOLDIRAN alles unter Deck. Nur Frieda reagiert zischend: „Wirst du endlich aufhören, du, du . . ."

Gustaf legt sich wieder hin. Er bohrt die Finger in die Ohren. Er steckt den Kopf unter die Decke. Aber HOLDIRANS nächtliche Späße erreichen ihn auch dort. Kreischte da nicht sogar eine weibliche Stimme? Na sowas, jetzt haben sich die Burschen wohl noch Miezen angelacht. Das wird ja immer besser!

„Hahahahahaha . . ." — ein dröhnendes Lachen durchbricht die nächtliche Stille. Da muß einer einen tollen Witz losgelassen haben. Und dann klatscht und plantscht es, weil der HOLDIRAN-Wallenstein mit einem Satz in die Hafenbrühe gehechtet ist, um seinen vollgesoffenen Bauch abzukühlen. In voller Montur natürlich und vom Geschrei seiner Crew und dem Gejuchze der Miezen angefeuert.

— Gustaf ist mit einem Sprung an der Luke. Rrrrms knallt der Deckel zurück. Er jumpt im Pyjama auf die Kaimauer und rast mit langen Schritten zur HOLDIRAN. Einen Latschen hat er verloren.

„Heeh", ruft er, „aufhören, ihr verflixten Swinegels!" Aber niemand hört ihm zu. Der badende Wallenstein spritzt neckisch mit Wasser, und die Miezen kreischen vergnügt „Igittigittigitt!" — Sagt doch mal selbst — ist das nicht ein Riesenspaß?

Gustaf ist nahe dran zu detonieren. Also müßte man da nicht gleich ... „Heeh — — Ruuhe! Ruuuuuhe!!!" brüllt er mit äußerstem Kraftaufwand. Seine Stimmbänder flattern erregt, seine Stimme krächzt und überschlägt sich, so strengt er sich an.

Für einige Sekunden setzt der Krach auf der HOLDIRAN aus. Dann passiert etwas gänzlich Unerwartetes, etwas Unvorstellbares, etwas, das Gustaf sich nicht mal im Traum hätte vorstellen können: Eine halbvolle Bierbuddel zerschellt zu seinen Füßen an der Kaimauer. Glasscherben, Schaumflocken und Bierreste spritzen in die Gegend. Und eine tiefe Stimme orgelt dazu: „Holl dien Sabbel, Opa!" — Nach dieser kurzen und wirkungsvollen Unterbrechung setzt das Furioso der nächtlichen Wasserspiele von neuem ein. Für die HOLDIRAN-Besatzung ist der Fall Gustaf erledigt.

Für Gustaf aber bricht eine Welt zusammen. Er spürt, wie eine Blutwelle über sein Gehirn schießt, rasende Wut packt ihn, er möchte sich auf die HOLDIRAN stürzen, wie ein Mungo auf die Klapperschlange. Aber ach — eine letzte Spur von Vernunft erinnert ihn jäh daran, daß er kein Schlangentöter ist, sondern ein komischer Typ im Pyjama, der mit einem nackten Fuß inmitten Flaschenscherben auf einer kalten Kaimauer steht und friert.

Nein, das ist sie wirklich nicht, die feine holsteiner Art. Gustaf wendet sich angeekelt ab und schleicht vorsichtig zwischen den Scherben hindurch zur SINDBAD zurück. Dort, bei Frieda, hofft er auf Verständnis. Während er an Bord klettert — den Latschen hat er auch nicht wiedergefunden — brummt er grimmig vor sich hin: „Diese Strolche ... an den Vorstand schreiben ... Führerschein entziehen ... rausschmeißen ...“ Aber Frieda empfängt ihn höchst ungnädig. Gereizt faucht sie ihn an: „Das kommt davon, wenn man seine Nase in fremde Schiffe steckt.“ Und sogar Julchen piepst verwegen aus ihrer Gasrohrkoje: „Siehste ...“

Gustaf versteht die Welt nicht mehr. Zum Autoritätsverlust bei der Jugend nun auch noch die Aufsässigkeit der eigenen Mannschaft. Mit dem festen Vorsatz sein Schiff zu verkaufen, schläft er ein. Morgen, ja morgen wird der Kahn verkauft. Da kennt er nix, der Gustaf. Und dann will er auch noch ...

Ja was will er eigentlich? Wir können ihn nicht danach fragen, denn er schnarcht bereits. Von der HOLDIRAN aber tönt es im gemischten Chor ‚Wir wollen unsern ollen Kaiser Willem wiederham ...‘ Verrückte Welt, nich?

Inserate

Gustaf spuckt, wie man so sagt, gern große Bogen, wenn es um die Treue der Segler zu ihren Schiffen geht. Aber das stimmt gar nicht. Erstens hat er schon die 7. SINDBAD. Und zweitens würde er auch auf die 8. SINDBAD ohne Zögern umsteigen, wenn ihm etwas Besseres über den Weg liefe. Daß etwas Besseres als die 7. SINDBAD schwer zu finden ist, liegt weniger an ihrer einmaligen Konstruktion als daran, daß Gustaf gewohnt ist, seine Lustkreuzer überaus günstig einzukaufen, um sie dann — bei passender Gelegenheit — mit anständigem Gewinn wieder abzustoßen. Fünfzig Prozent muß das mindestens bringen, sonst lohnt es nicht, es darf aber auch mehr sein. Und solche Okkasionen sind leider selten.

Während Gustaf auf diese nicht alltägliche Chance lauert, preist er die 7. SINDBAD im Kameradenkreis als das ‚Schiff seines Lebens' an und erklärt mit bewegter Stimme, er würde sich niemals von ihm trennen. Denn solch Image erhöht die Perzente. Und auf die kommt es an, wenn man sich binnen zweier Jahrzehnte von einer geklinkerten Ausgleichsjolle bis zu einem seegängigen 9-Meter-Spitzgatter hocharbeiten will.

Man sollte meinen, die Kameraden hätten diese Roßtäuschertricks längst durchschaut. Aber es ist merkwürdig — niemand nimmt Anstoß daran. Offenbar machen es die anderen ebenso. Und in solidarischer Einmütigkeit hält die Gang wie eine verschworene Gemeinschaft zusammen: lobpreist, was ihr gehört; schmäht, was sie zu erwerben gedenkt. Was dazwischen liegt, nennt man die Handelsspanne.

Ein wesentliches Hilfsmittel, um den günstigsten Moment für einen Wechsel des Untersatzes herauszufinden, ist das sorgfältige Studium der Verkaufsinserate in der Fachpresse. Deshalb werden diese Zeitschriften grundsätzlich von h i n t e n gelesen. Hinten, am Schluß, studieren Gustaf und seinesgleichen zunächst das, was man den ‚Markt' nennt. Und dann erst blättern sie die vorderen Seiten um.

So ein Inseratenteil hat es in sich. Aber nur, wenn man ihn zu lesen versteht. Und das können Gustaf und seine Freunde aus dem ff. — Zuerst werden die Charterangebote seziert, denn sie sind die Vorstufe des Verkaufs: Sie sind meist chiffriert; anonymes Dunkel liegt über dem Wechselspiel von Angebot und Nachfrage; auf Fotos sind Name und Herkunft der angebotenen Schiffe diskret retuschiert. Doch die Entschlüsselung bereitet Gustaf kaum große Schwierigkeiten. Was der Küstenklatsch ihm nicht zuträgt, das errät er mit nachtwandlerischer Sicherheit. Er weiß immer, wer dahinter steckt, und er lästert mit Heini, daß sich die Decksbalken biegen: Sieh mal, der X vermietet seine alte SEEKUH, und dabei gibt er immer so groß mit ihr an. Und der Y, der verpumpt sogar seinen Eintonner, mit dem er letztes Jahr das Blaue Band gewann. Nein, wer hätte das gedacht! Und der A will im August seinen rostigen Eimer an der Côte d' Azur fremdgehen lassen, während B die Dienste seiner EVA-MARIE für ein sommerliches Intermezzo an den Ufern der Ostsee anpreist.

Dann aber geht es an das unterhaltsamste aller Spiele — das Studium der Verkaufsangebote. Junge, Junge — was steht diesmal wieder alles drin! Zuerst wird nach dem Preis gesehen, dann nach dem Baujahr. Und dann prüft, wägt und vergleicht man, was sonst noch mit dunkler Symbolik dort angepriesen wird.

Die Sprache der Inserate hat ihre eigenen Gesetze. Gustaf vermutet mit dem

ihm angeborenen Mißtrauen hinter jeder dürren Angabe einen Doppelsinn: ‚Schlank' heißt für ihn ‚unbequem'. ‚Schnell' bedeutet ‚naß'. ‚Bewährt' steht für ‚alt', ‚geräumig' für ‚langsam', ‚steif' für ‚klobig' und ‚sicher' für ‚schwerfällig'. Er meint sich auszukennen in der Terminologie dieses Marktes, deshalb schätzt er besonders die nackten Zahlen, unter denen man sich Konkretes vorstellen kann.

So ist für ihn 9,75x2,25 ein Mannequinmaß, während ihm 8,50x2,85 als die Proportionen einer rustikalen Küchenfee erscheinen. Hinter 6,70x1,95 vermutet er ein Spielzeug für Twens; dagegen scheint ihm 12,30x4,10 eine Angelegenheit für wohlbeleibte, kinderfreundliche Familienväter zu sein. Sein Idealmaß liegt so um 9,00x3,00 herum. Aber das gibt es selten. Und wenn, dann nur in Stahl oder Plastik. Und das liebt er beides nicht. Holz ist Holz — goh mi aff mit Isenkrom un Zellerleut. Mit Neuerungen hat er überhaupt nicht viel im Sinn. Seine Begeisterung dafür gleicht der einer betagten Klosterfrau für die Antibabypille.

Bei solcherlei lustigen Proporz-Spielen naht ihm eines Tages die Sternstunde: die SINDBAD VIII ist in Sicht! Nun heißt es rangehen. Er ist wahnsinnig aufgeregt. Was nun, wenn Tetje auf den gleichen Kahn scharf ist, auf den er gerade ein Gebot abgeben wollte? Da muß mittels Tarnen und Täuschen die wahre Absicht listig verschleiert werden. Vielleicht wird auch der hinterhältige Rat ins Spiel gebracht: „Was, d a willst du einsteigen? Laß bloß die Finger davon. Damit sind schon ganz andere hereingefallen." Und er weist mit unschuldigem Augenaufschlag jede eigene Absicht weit von sich: „Wieso i c h ? — Wie kommst du denn d a r a u f? Wo ich doch mit meiner SINDBAD VII so gut versorgt bin." Und dabei hat er sein altes Schiff schon halb verkauft und die Option auf den Neuerwerb so gut wie in der Tasche.

Da auch er seine Verkaufsanzeige chiffriert aufgegeben hat, vollzieht sich der Ringtausch — von Heini und Tetje unbemerkt — über Nacht. Er schraubt noch schnell die blanken Lippklampen von der SINDBAD, denn die weiß der neue Besitzer ja doch nicht zu schätzen. Und dann strahlen zwei glückliche Eigner über den besten Kauf ihres Lebens: SINDBAD VII heißt jetzt KAP HORN V, und aus SCHWALBE III wurde SINDBAD VIII. Jeder glaubt, vom anderen etwas geschenkt bekommen zu haben. Und beide haben sich verbessert.

Wer aber nun meint, der abgeschlossene Kauf ziehe einen Schlußstrich unter jene Periode hektischer Unrast, und der innere Frieden kehre nun wieder ein bei Gustaf, Heini und Tetje, der irrt sich: Gustaf hat kaum den Vertrag unterschrieben, da bringt ihm die nächste Nummer seines Leib- und Magenblattes schon wieder neue Unruhe ins Haus. — Hätte er doch nur 14 Tage gewartet. Jetzt, ausgerechnet jetzt, wird die TORNADO II angeboten, auf die er schon seit Jahren scharf ist.

Mein Gott — immer diese verpaßten Gelegenheiten!

Umweltschutz

Wer Gustaf so bei seinem Tun und Treiben an Bord beobachtet, muß ihn für einen idealen Freund und Beschützer seiner Umwelt halten. Er wirft seine Zigarrenstummel nicht ins Hafenbecken und benutzt sein Bordklo so leise und vorsichtig, daß die Nachbarn fast gar nichts hören oder solcherlei dezente nächtliche Pump-Schlürf-Geräusche für etwas abartige Schnarchtöne halten. Nein, Gustaf ist wirklich ein vorbildlicher Umweltschutz-Fanatiker.

Er macht auch immer erst eine gewissenhafte Kreuzpeilung zum Laböer Ehrenmal und Bülker Leuchtturm, um sicherzugehen, daß er außerhalb der Dreimeilenzone ist, bevor er seine Fulbrass ins Meer kippt. Von ihm können die Abfälle in Strande oder Schilksee also wirklich nicht stammen.

Als er einmal das Entleeren des Dreckeimers auf See vergessen hatte (woran natürlich nur Frieda schuld war), scheute er nicht einen längeren Fußmarsch von 300 Metern, um SINDBADS Küchenabfälle hinter Bauer Sörensens Scheune auf die Wiese zu kippen. Irgendwo muß er ja schließlich das Zeug loswerden. Ist ja nicht seine Schuld, daß diese faulen Bauern keine Mülltonnen aufstellen. Hauptsache ist schließlich, daß das Wasser sauber bleibt, denn man ist ja Segler und kein Ackerknecht.

Frieda und Julchen verstehen selbstverständlich nichts von Sauberkeit. Umweltschutz ist Männersache, dat's klor. Immer wieder muß Gustaf seine beiden Weibsen ermahnen, nicht zuviel Wasser zum Geschirrspülen zu verwenden, denn wohin mit der ganzen Seifenbrühe! Sparsamkeit im Wasserverbrauch hat zudem den Zusatzeffekt, daß der Skipper weniger davon heranschleppen muß. Woran man mal wieder erkennen kann, wie fein in der Natur Ursache und Wirkung miteinander harmonieren.

Nein, Gustaf kann nur den Kopf schütteln über das, was er in der Zeitung über die Verschmutzung seiner Ostsee liest. Die ist doch genauso flaschengrün wie eh und je und fast durchsichtig. Wo soll denn da der Schmutz sein? Wenn man nur die Dickschiffe dazu bringen könnte, ihren Kombüsendreck etwas weiter draußen zu versenken, ja, dann könnte man sogar wieder zwischen Strande und Schilksee baden, ohne dauernd auf Flaschenscherben oder noch Schlimmeres zu pedden.

Obgleich das Baden nicht das Wichtigste ist, denn Baden kann man schließlich zu Hause viel besser und sauberer, sogar mit richtiger Seife. Und ohne Flaschenscherben.

Nee — echt problematisch bleibt eigentlich nur die Sache mit dem Bordklosett, wenn die SINDBAD vor Anker oder im Hafen liegt. Genau genommen 'ne Ferkelei, wenn man's so richtig bedenken tut — den ganzen Schiet in 'n Hafen flushen. Aber wohin sonst mit den Swienkrom? Manche Leute gehen auf das Hafenklo, aber da ist Gustaf zu schenierlich zu. Und wo er doch soviel Geld für sein neues Bordklo ausgegeben hat. Supermodell mit Bronze-Armaturen und eingebautem Gumminuckelventil für die Pflaumenkerne, die nur er eigenhändig daraus entfernen kann, denn das erfordert Ingenieurverstand, und den haben nur Männer. Nee, also auf das Hafenklo, wo immer die Brille naß ist und wo dat so sstinken deiht, daß selbst die Mädchen igittigittigitt sagen, da geht er nicht hin, der Gustaf. Pfui Deibel!

Abgesehen von dem Hafenklo aber setzt er sich mächtig und lautstark für den Umweltschutz ein. Und für die bedrängte Tierwelt. Und besonders — dat's klor — für die Erhaltung der Sauberkeit des Ostseewassers. Obwohl er das eigentlich recht sauber findet. Die sollen in Bonn erstmal ihren dreckigen Rhein durch'n Kaffeefilter jagen, bevor sie über seine Ostsee meckern, diese Quiddjes. Und weniger über die Reling spucken, wenn sie mal auf See sind. Was wissen die schon von Gustafs Ostsee! Ischa ok wohr! Kann ein direkt füünsch machen.

Wohin denn schließlich auch mit den ganzen Schiet? Zum Beispiel wenn bei SINDBADS Marstal-Jockel Ölwechsel gemacht werden muß. Früher war das ganz einfach — rin in'n Farbenpott mit'n Matsch, Deckel zu und außenbords. Stört keinen mehr. Geht ja unter.

Aber nu gibt dat diesen Umweltschutz. Außenbords geht also nich mehr. Hintern Mastenschuppen kippen? Kricht man Stunk mit'n Hafenmeister. In 'ne Mülltonne? Is feuergefährlich. Bleibt ein doch blots die Teulette übrig. Orntlich spüln hinterher, und man sieht den Dreck nich mehr. Allens futsch! Und de Ostsee blifft ok sauber. Na bitte. So einfach ist Umweltschutz.

Rheinisches Intermezzo

Gustafs Hauptbeschäftigung ist zweifellos das Segeln. Jedoch ist er wie alle ordentlich verheirateten Menschen (leider!) auf regelmäßige Einkünfte angewiesen. Die Firma, in der er seiner wassersportfremden Nebenbeschäftigung nachgeht, hat eine Filiale in Köln. Und eben dorthin soll er reisen, um etwas Dringendes zu erledigen.

Gustaf reist nicht gern über Land, besonders nicht im Sommer, und schon gar nicht an den Rhein. Aber was hilft's. — Schweren Herzens klettert er in den Zug, nachdem er Frieda beschworen hat, sie solle ja nicht vergessen, die Segelklamotten zurecht zu legen, denn am Sonnabend sei er bestimmt zurück. — Frieda sagt artig ja und wünscht insgeheim, die Rückkehr möge sich verzögern, denn ein Wochenende mal ohne Segeln (und ohne Gustaf) ist auch nicht ohne. Fast wie Ferien. Nur viel seltener.

Gustaf kommt spät abends in der Domstadt an. Er sieht keinen Dom; er sieht keinen Rhein. Er sieht nichts als den mickrigen Bahnhofsvorplatz, umrahmt von Baugruben. Gustaf sehnt sich nach Kiel zurück. Er reckt schnuppernd die Nase in die Luft und will, daß die Stadt stinkt. Und natürlich stinkt sie auch. Gustaf nickt zufrieden — hat er sich doch gleich gedacht. Muscha stinkn, soweit von'ne Küste wech.

Sein Hotel liegt nur ein paar Schritte vom Bahnhof entfernt. Ganz ordentlicher Laden, nur sündhaft teuer. Eine Nacht Pennen kostet dort mehr als SINDBADS ganzes Sommerliegegeld. Na, soll ihn nicht kratzen. Geht ja auf Spesen. Aber ärgerlich ist es doch, wie die Firma mit dat Geld aasen tut. Sollt'n sie ihm lieber gebn. Gäb ne neue Großschot.

Der Hahn für das warme Wasser sprudelt lau; die Nachttischlampe hat einen Wackelkontakt; die Schranktür knarrt. ‚Köln', knurrt Gustaf verächtlich. Und er meint es auch so.

Er schläft unruhig und wird frühmorgens durch kanonenschlagähnliche Geräusche aufgescheucht. Er rast ans Fenster, zieht die Gardine zurück ... und sieht den Dom in Aktion.

Hätt' ich mir auch größer vorgestellt, möchte Gustaf denken — fest entschlossen, das Laböer Ehrenmal, koste es, was es wolle, für den imposantesten Bau Europas zu halten. Aber es geht nicht. Wirklich, so gerne er meckern möchte, aber der Dom ist gewaltig. Riesig groß und laut. Sein Glockenschlag läßt die Scheiben scheppern. Gustaf wird richtig sündig ums Herz bei soviel geistlicher Urgewalt. Und er wickelt am Vormittag seinen Auftrag bei der Kölner Filiale verwirrt und mit angelegten Ohren ab — nachhaltig beeindruckt von der donnernden Kraft des Riesenspektakels. — Den Rhein hat er immer noch nicht gesehen.

Er hätte schon mittags zurückfahren können. Dann wäre er abends in Kiel gewesen und rechtzeitig an Bord für den Wochenendtörn. Aber eine innere Stimme drängt ihn, doch wenigstens einmal im Leben einen Blick auf den deutschen Schicksalsstrom zu werfen. Wenn er schon mal hier ist. Und noch dazu auf Spesen.

Also beschließt er, den Abendzug zu nehmen und bis dahin dem rheinischen Segelsport — mit dem gebotenen Abstand natürlich — auf den Zahn zu fühlen. Zu diesem Behufe begibt er sich ein paar Treppen herunter zum Fluß. — Tatsächlich, es gibt ihn. — Gustaf staunt über die vielen berg- und talfahrenden Kähne, denkt anerkennend ‚fast so'n Betrieb wie auffe Förde' und sucht eilig die Kollegen von der Nassen Schot. Irgendwo müssen die ja sein. Doch so sehr er auch den Hals verrenkt, um hinter die nächste Flußkrümmung zu spähen — ein Sportfahrzeug kann er nicht entdecken. Nicht mal 'ne Motoryacht, obgleich man die ja eigentlich nicht dazurechnen darf.

Wo Wasser ist, muß ein Yachtklub sein, denkt Gustaf. Er fragt sich, vorbei an häßlichen Hafensilos und uralten Ladeschuppen, entlang des Flusses bis zum Stadtteil Marienburg (wo offenbar die besseren Leute wohnen) durch, hat zwei Stunden Fußmarsch hinter sich, aber immer noch kein Segel entdeckt. Und dabei hat ihm der Hotelportier erzählt, Köln sei das Zentrum des rheinischen Wassersports.

Doch da gibt ihm ein Fußgänger, den er ärgerlich fragt, wo sie denn seien, die Yachten, das Stichwort ‚Rodenkirchen'. Gustaf kommt es jetzt auf den letzten Kilometer auch nicht mehr an. Er latscht mit qualmenden Socken und brennenden Füßen weiter bis zur Autobahnbrücke und sucht dort, wo Köln schon fast zu Ende ist, mit emporgereckter Nase vergeblich ‚der Schiffe mastenreichen Wald'. Dabei läuft er fast an den Schlengeln mit den Bootshütten vorbei, die, tief unter ihm an die Böschung gekrallt, sich gegen den hier besonders reißenden Strom zur Wehr setzen. ‚Dunnerlüttchen', denkt Gustaf, ‚ischa fast wie anne Stör bei Springniedrigwasser', was als Anerkennung verstanden sein will. Im Stromlee haben ein paar Outbord-Flitzer angebunden, das ist alles. Keine Jolle, kein Starboot, kein Kiel-

schwerter. Nicht mal einer dieser degenerierten Jollenkreuzer, die doch sonst an allen Orten zu finden sind, die anständige Segler zu meiden pflegen.

Gustaf begibt sich, erschöpft vom ungewohnten Fußmarsch, auf einen der schwimmenden Anleger und fragt den dicken Bootsmann grantig, ob er der ‚Anbinner' wäre und wo denn hier zum Teufel und verdammt noch mal die Kölner Segler seien.

Der Dicke weiß nicht, was ein Anbinner ist. „Do bes wohl nit vun he, wat?" fragt er gemütlich zurück und erklärt dann in seinem Dialekt, der in Gustaf Gefühle des tiefsten Abscheus erweckt, ‚dat die Segler he fröher ens jewäse sin. Äver jezz wärn se fott, schon seit Johre'.

So, weg sind sie. Nun gut, Gustaf will auch weg. Und zwar so schnell wie möglich. Hier hält ihn nichts mehr. Und er will auch garnicht wissen, wo sie abgeblieben sind, die Kölner Segler. Sicher abgesoffen oder zu Gartenlauben umgebaut. Nur so aus Höflichkeit meint er: „So, so, also jetzt sind sie weg."

„Jo", sagt der Dicke, „allso wat die Jroße sin, die sin en Düsseldorf jelandet. Do han se mie Wasser un winniger Strömung." Und er fügt hinzu: „Dat möhten Se sich ens ansinn, leewe Här."

Nein, Gustaf wird es sich bestimmt nicht ansehen, aber ihm fällt rechtzeitig ein, daß er sich als höflicher Gast jetzt noch nach den Lütten erkundigen muß.

Er tut es gelangweilt und sehr von oben herab.

„Allso, wat die Kleine sin," antwortet der Dicke ernsthaft-treuherzig, „die sin all op de Talsperre . . ."

„. . . wo se mehr Woter hebbn dohn un nich so veel Strom . . . " fällt Gustaf ihm gereizt ins Wort. Doch der Dicke ist so leicht nicht zu kränken.

„. . . wo ö v e r h a u p kein Strömung es", vollendet er seinen Satz. Und er lächelt dazu mit rheinländischem Stolz, denn wo hat man das denn sonst noch, diese herrlichen Talsperren und dazu noch ganz ohne Strömung. „Dat möhten Se sich ens ansinn, dat is jet J e w a l t i j e s , leewe Mann!"

Bei dem Wort ‚Jewaltijes' bumst es; der Schlengel wackelt und der Dicke zuckt zusammen. „Dat es dä Pitter met singem neue Donzi", sagt er und zeigt mit dem Daumen verlegen nach hinten, wo die Motorflitzer liegen.

Aber Gustaf hat den Steg schon verlassen und begibt sich eilends — ja wohin wohl? Nach Düsseldorf mit dem vielen Wasser? Zu den jewaltijen Talsperren? — Ihr erratet es nie — : Im Bahnhofswartesaal sitzt er und wartet dort hinter einem Glas Kölsch drei Stunden auf die Abfahrt des nächsten Zuges nach Kiel.

Pst, stört ihn nicht. Er ist weit weg mit seinen Gedanken. So weit weg, daß er nicht bemerkt, wie schlecht ihm das Kölsch eigentlich schmecken müßte. Und ihn stört auch nicht die hektische Betriebsamkeit des Großstadtbahnhofs. Ja, er hört nicht einmal das Geläut der Abendmette, obgleich er den Dom nur fünfzig Meter an Backbord querab hat.

Was müssen das wohl für Gedanken sein!

Bona Fide

Gustaf malt einen Lukendeckel aus gewöhnlichem Kiefernholz ‚auf Eiche'. Er macht das mit einem Kamm, den er wellenförmig schwingt. Das ist eine penible Arbeit, die viel Zeit und Liebe erfordert. Sieht aber hübsch aus, wenn's fertig ist. Fast wie echte Maserung. Niemand darf ihn dabei stören.

„Ach, Verzeihung", tönt es da mit einmal an sein Ohr. Gustaf wird immer gnatterich, wenn man ihn bei Bootsarbeiten anspricht — besonders aber, wenn er bei solch einer komplizierten Beschäftigung ist.

Ein junger Mann steht neben ihm. Sicher 'n Student oder sowas.

„Ach, Verzeihung", sagt der Student oder was immer er sein mag, „darf ich Sie mal eben sprechen?"

Sprechen? — „Nee", sagt Gustaf, „ick heff to dohn!"

„Es ist was ganz Dringendes", sagt der junge Mann, „kucken Sie mal — da!" Und er zeigt mit dem Finger an den Himmel, wo sich schwärzliches Gewölk zu einem April-Regenschauer zusammenballt.

„Verdori", schimpft Gustaf, dem diese Wolke ganz und garnicht in den Kram paßt. Immer sonnabends kommt solch Mistwetter, wenn er gerade am Malen ist.

„Sehen Sie", sagt der junge Mann und lächelt spitzbübisch, „deshalb wollte ich Sie ja gerade sprechen."

„Wegen dem Regen?" — Gustaf blickt den Jüngling mißtrauisch an. Ob der wohl verrückt ist?

„Ja — wegen des Regens komme ich. Ich bin von der DAV — der Deutschen Außenanstrich-Versicherung."

„Ick bün all versichert", knurrt Gustaf grob und fährt mit dem Daumennagel über den Kamm, daß die gelbe Soße über seinen Overall spritzt. „Un nu lot mi tofreden!"

„Werter Herr", sagt der junge Mann und sieht zum Himmel, „Sie machen

einen großen Fehler. Für fünf Mark können Sie sich bei uns gegen alle Schäden am Außenanstrich versichern. ‚Für fünf Mark sind Sie dabei!' Meine Gesellschaft ersetzt anstandslos den Schaden, wenn Ihnen der Regen den Anstrich versaut."

Gustaf überlegt. Er muß die Außenhaut noch lackieren und das Deck streichen. Die Aufbauten sind auch erst geschliffen. Und es ist bereits Mitte April, wo die Zeit kneift und jeder Tag kostbar ist.

„Was zahlt ihr denn so, wenn's regnet?" fragt er den Jüngling.

„Die DAV ersetzt die Kosten für die Farbe und pro Tag hundert Mark Arbeitslohn."

Gustaf meint nicht recht zu hören. — Hundert Mark pro Tag? Und dann noch die Farbe? Er rechnet blitzschnell nach: Regnen tut es beinahe täglich. Er braucht bloß im richtigen Moment zu pönen. Immer einen Tag streichen — den anderen Tag kassieren. Bis die Schiffe im Wasser sind. Zur Not kann man auch noch malen, wenn sie schwimmen. „Tjä, also denn ... " sagt Gustaf, der meint, daß das ein großartiges Geschäft ist. „He, Heini", ruft er über zwei Nachbarboote hinweg dem Freund zu, „kom' ma gau röber!"

Heini staunt, daß es sowas gibt. „Has nie was gehört von Urlaubs-Regenversicherung?" belehrt ihn Gustaf. „Is so ähnlich. Krichst den ganzen Urlaub ersetzt. Muß bloß orntlich regnen."

Fünf Minuten später hat der junge Mann zwei Fünfmarkstücke eingesteckt und Gustaf und Heini den Empfang ordnungsgemäß quittiert. DAV — Deutsche Außenanstrich-Versicherung, Kiel, Kanalstraße 11, Tel. 4 71 52 steht auf der Quittung. Und unten ein echter Stempel: ‚Quittung gilt als vorläufige Deckungszusage. Police wird durch das Hauptbüro zugestellt.' — Gustaf macht den Versicherungsmenschen schnell noch mit seinen Vereinskameraden bekannt. Selbstverständlich beteiligen sich auch Tedje, Fiete, Schorsch und noch ein paar andere an diesem guten Geschäft. Das Portemonnaie des Jünglings füllt sich, der Quittungsblock wird mager.

„Gilt dat ok ab sofort?" will Gustaf sich noch einmal vergewissern.

„Sicher" — sagt der junge Mann, „auf der Quittung steht doch ‚vorläufige Deckungszusage'."

Na, dann ist ja alles in Ordnung. „Also Tschüs, und vielen Dank auch!" Der muntere Knabe verschwindet.

Am nächsten Morgen verhüllt feierlichschwarzes Sonntagsgewölk den Fördehimmel. Gustaf ist bester Laune. So schön sah es lange nicht mehr nach Regen aus. — „Du willst bei d e m Wetter doch nicht etwa zum Boot?" fragt Frieda stirnrunzelnd.

„Klor", sagt Gustaf vergnügt und läßt die Krähenfüße in den Augenwinkeln spielen. „Lackeern will ick und Deck molen."

Frieda hält ihn für völlig übergeschnappt, aber sie wundert sich kaum noch. Eines Tages mußte es ja soweit kommen. Und Julchen sagt auch: „Laß Vatern doch machen." Schließlich ist Gustaf am Sonntag nirgendwo fehler am Platz als zu Hause.

Eine Stunde später sind Gustaf und Heini, Fiete, Schorsch und die anderen auf dem Bootsplatz am Malen und Lakkieren, daß es eine Lust ist. Der Regen treibt sie ab und zu hinter den Windschutz ihrer Boote, aber sowie das Gepladder etwas dünner wird, geht die Arbeit weiter. — Am Abend betrachten sie ihr Werk — Dunnerlüchting, der Regen hat ganze Arbeit geleistet. Es wird einige Mühe kosten, die ganze Schmiere wieder abzuwaschen. Aber hundert Mark wollen eben verdient sein.

Am nächsten Morgen ruft Gustaf vom Büro aus gleich die Nummer 4 71 52 an, die auf der Quittung steht. Er will fragen, wann er sein Geld kassieren kann. ‚Tut, Tut' macht es im Hörer — dann meldet sich eine sanfte weibliche Stimme: „Guten Morgen, hier ist die Friedhofsverwaltung."

„Wat?" sagt Gustaf, „Wer? Is dor de D — A — V?"

„Nein", sagt die Stimme, „hier ist die Friedhofsverwaltung."

Gustaf wählt die Nummer noch einmal, aber wieder meldet sich die Sanfte. „Falsch verbunnen", sagt Gustaf und legt auf. Dann ruft er Heini an, der erstmal aus allen Wolken fällt und dann seinerseits Fiete benachrichtigt. Die anderen haben kein Telefon. Doch mittags hat es sich herumgesprochen: Der Kerl hat sie hereingelegt. — Es gibt keine DAV. Und auch keine hundert Mark.

Dafür aber viel Arbeit. Im Schein ihrer Kabellampen sieht man ein Dutzend fluchender Segler bis spät in die Nacht mit Terpentin und Sandpapier den Dreck entfernen, den der Sonntagsregen ihnen eingebrockt hat. „De Morskopp!" — „Wenn ick den tofot kregen doh, den Kierl, den verdammten, den trimm ick de Nees na achtern!" — „Jo, den Swienegel hau ick dat Muul dick!" so schimpfen sie vor sich hin. Und nicht einmal anzeigen kann man den Kerl, wenn man sich nicht unsterblich blamieren will. Nee, blots dat nich! Das muß ganz geheim bleiben.

Auch die eigene Familie darf nichts davon erfahren. — Als Gustaf zu mitternächtlicher Stunde bei Frieda eintrifft, ist sie noch wach. „He, Mann", gnattert sie, „bist du all wieder duhn?" Schämen sollst du dich!"

Gustaf schämt sich. Besser duhn als dumm. Doch vor dem Einschlafen entweicht seinem Zahngehege knurrend ein gewaltiger Fluch: „Düwel ok, so'n Oos! Den möt man dat Genick umdreihn!" Und er schwört leise vor sich hin, daß er nie wieder bei Regen malen wird. Und er wird in Zukunft jeden Versicherungsvertreter . . .

Doch da ist er schon eingeschlafen.

Stunde der Bewährung

Sindbad schaukelte gemächlich vor einem schwülen, klebrigen SSO über die Kieler Bucht nach Bagenkop. Der Skipper rutschte unruhig auf der Ruderducht hin und her und blinzelte besorgt achteraus in den Vorhang aus häsiger Luft. Ihm gefiel das alles nicht: das feuchtwarme Waschküchenklima, das rasch fallende Glas, die zugeschmierte Sicht und überhaupt alles. Sogar die Zigarre war pappig geworden und schmeckte wie ‚Laternenpfahl ganz unten'. Nee, wat'n Schietwedder! Wenn sie bloß schon unter Land wären. Aber vorläufig kam weder Ärö noch Langeland in Sicht. Sie standen wohl erst knapp auf der Höhe von Schleimünde.

Gustaf schien es, als habe sich der Himmel in der letzten halben Stunde sichtbar verdunkelt. Er murmelte etwas von Gewitter und Reff eindrehen. Doch Frieda, die sonst nie auf etwas hörte, das mit der Schiffsführung zusammenhing, gnarrte gereizt: „Reffen — daß ich nicht lache! Endlich haben wir mal raumen Wind, und nun will der Mensch reffen. Bloß um uns zu ärgern." Offenbar hatte sie wieder ihre Migräne. Also gut — nicht reffen. War ja auch nur als Vorsichtsmaßnahme gedacht.

Julchen döste auf der Leekoje mit etwas spitzem Gesicht vor sich hin. Einmal sagte sie leise: „Ich glaube, Sophia wird gleich seekrank." Sophia war ihre Puppe, und niemand achtete darauf, denn Frieda war mit ihren Kopfschmerzen beschäftigt, und Gustaf reparierte gerade seine aufgeleimte Zigarre.

Da hieb die erste Gewitterbö Sindbad eins aufs Auge, daß Pött und Pann in der Kombüse nur so schepperten und der Skipper verdutzt die Schot schrickte, um etwas Luft aus dem Tuch rauszulassen.

Doch das war verkehrt, denn die Bö raumte mit, und der Baum stand nun gefährlich auf Halsen. — Gustaf wartete eine kurze Atempause zwischen zwei harten Püstern ab und schiftete das Großsegel. Während er die Parten der Schot klarierte und ein Weilchen vor dem Wind ablief, um Zeit zu gewinnen, torkelte die Bö wie eine betrunkene Wetterfahne von SW über W nach NW.

SINDBADS Nase zeigte jetzt nach Osten. Das war zwar eine feine Richtung, aber nicht, wenn man nach Langeland wollte. — Die Wasseroberfläche, eben noch von erbsengroßen Hagelschloßen flachgefegt, wurde rasch zu kurzen, steilen Sturmseen aufgefurcht, vor denen SINDBAD, in Regenwolken gehüllt, mit geigendem Großbaum einherwetzte.

Läuft wie eine gesengte Sau, dachte Gustaf. Kein Zweifel — sie fuhren zuviel Zeug, und auch der Kurs war falsch. SINDBAD mußte an den Wind gebracht, das Großsegel gerefft, Fock I gegen die Sturmfock ausgewechselt werden. Aber wie?

Gustafs Fäuste umklammerten die Pinne, um das unruhig bockende Schiff auf Kurs zu halten. Er konnte das Ruder nicht eine Sekunde loslassen, denn der Kahn wartete nur auf eine Gelegenheit zum Ausbrechen. Gustafs Stirn glänzte von Seewasser, Regen und Schweiß. In seinem fahlen Gesicht klebte zwischen bläulichen Lippen der kalte Zigarrenstummel. Die Frauen stöhnten. „Jetzt kotzt sie gleich!" jammerte Julchen und streichelte die Puppe Sophia. Es war schlimm!

Gustaf nahm die Fock dicht und ließ Sindbad ein bißchen anluven. Das Schiff kam willig auf. Meine Güte — jetzt sah der Skipper erst, wie rauh der Nordwest die See aufgewühlt hatte. SINDBAD schüttelte sich in der Dwarssee. Die Plünnen knallten wie doll. — Gustaf klemmte das Knie unter die Pinne und setzte mit beiden Fäusten die Großschot durch.

SINBDAD ging an den Wind. „Fock dichter!" brüllte er den Frauen zu. Aber die ratternde Fockschot hakte mal wieder mit dem dämlichen Schäkel am Want, und alles Zerren war sinnlos. Verdammter Mist — gerade jetzt frischte die Bö auf und packte Sindbad bis zu den Kajütfenstern aufs Ohr. Das Schiff stampfte mit hämmender Fock auf der Stelle. Klirrend zerschellte irgend etwas Wertvolles in der Kombüse. Frieda schrie ängstlich auf, und Julchen begann zu plärren.

Gustaf riß Frieda am Ärmel in die Höhe. „Los, Fru, fix na vörn un de Schot klareern!" schrie er ihr zu und band ihr den Steert der Großschot um den Leib. Frieda kroch auf den Knien das luvwärtige Seitendeck entlang nach vorn. Es war klar — der Schipper konnte das Ruder jetzt nicht loslassen. Aber war es nicht immer so: wenn es dick kam, hockte der fiese Kerl an der Pinne, und die Mädchen mußten nach vorn. Typisch! Und nie ein Wort des Dankes!

Frieda knütterte mit klammen Fingern die hinter dem Want verhakte Fockschot los. Während das zappelnde Ende mit harten Schlägen haarscharf an Friedas Brägen vorbeizuckte, bellte das Segel im Wind wie eine MP. Ehe Julchens dünne Arme den Tampen dichtholen konnten, hatte die Bö ihr Werk vollendet.

Gustaf sah dem Auflösungsprozeß des gegen die Wanten hämmernden Segels zu, ohne helfen zu können. Es fing am Schothorn an und lief in zackigen Streifen über das halbe Segel. „Fock an Deck!“ schrie er, aber es war zu spät.

Frieda erwischte — o Wunder! — das richtige Fall. Sie kniete auf dem überfluteten Vorschiff und zerrte verzweifelt das in Streifen zerfasernde Segeltuch an Deck. Die vom Wind geblähten Fetzen schlüpf-

ten ihr zwischen den Fingern durch. Beim Nachgreifen verlor sie den Halt. Sie warf sich deshalb bäuchlings an Deck, um mit Knien, Ellbogen und Zähnen das zappelnde Tuch zu bändigen. Vom Masttopp wehte das ausgerauschte Fockfall wie ein Heimatwimpel. Der Brust des Skippers entrang sich ein tiefer Seufzer.

SINDBAD bolzte jetzt hoch am Wind und ohne Fahrt in der ruppigen See. Das Leedeck war unter Wasser gedrückt. Um den Druck aus dem Segel zu nehmen, ließ Gustaf das Mastliek killen, aber das half nur für Sekunden. Das Groß mußte gerefft werden, 5—6 Ringe mindestens. Und dann mußte die Sturmfock gesetzt werden. Frieda hätte dazu das Ruder übernehmen müssen, denn das da vorn war Männersache. Aber Frieda lag bäuchlings über den Resten der Fock.

Verdammt noch mal — dann mußte Julchen eben ran. „Jule, hier fot dat Ror an. Un jümmers hog an'n Wind. Nich abfallen un nich anluven, akkerat as he jetzt geiht!" — Er zog Julchen an der Kapuze neben sich auf die Ruderducht und übergab ihr die Pinne.

Dann kletterte er nach vorn, um mit fixen, festen Griffen das Großsegel bis zum 6. Schlitten einzudrehen. Danach wahrschaute er die auf dem Bauch liegende Frieda, zeiste die zerrissene Fock an der Seereling bei, fing das ausgerauschte Fall ein, grabbelte die Sturmfock aus der Luke, um sie mit Friedas Hilfe anzuschlagen und zu setzen, klarierte sodann Schoten und Fallen und räumte das Deck auf.

Das Ganze mochte eine Viertelstunde gedauert haben, in der Julchen sich selbst überlassen war. Wer hätte sich auch um sie kümmern sollen. Ein paarmal drohte der Skipper mit der Faust nach achtern, wenn SINDBAD eine anlaufende See vierkant nahm und das Vorschiff so hart einsetzte, daß Gustaf das grüne Wasser in die Seestiefel lief. Und einmal hätte es Frieda fast die Beine unterm Leib weggeschlagen, als das dumme Gör vor einer brechenden See abfiel und SINDBAD bis zu den Bulleyes wegkrängte. Aber die Verständigung mit dem Cockpit war schlecht. Und wozu auch brüllen. Wenn Julchen vorhatte, sie versaufen zu lassen, würde sie es ohnehin tun.

Nachdem Reff und Sturmfock standen und das Deck aufgeklart war, kletterten der Skipper und sien Fru nach achtern. Dabei fiel ihnen plötzlich ein: Herrjeh — das Kind! Es hatte doch noch nie ohne Aufsicht am Ruder gestanden. Und nun dies hier!

Julchens kleines, blasses Gesicht blickte ihnen halb ängstlich, halb stolz entgegen. Ein Zopf stand quer im Wind, der andere klebte aufgelöst an der blauen Kapuze. Mit beiden Händen hielt Julchen die dicke Pinne umklammert und stemmte sich mit dem ganzen Gewicht ihres Oberkörpers dagegen, wenn SINDBAD in einer steilen See aus dem Ruder zu laufen drohte.

Gustaf und Frieda sahen sich an. Wieso konnte die Göre das? Wo hatte sie das gelernt? Vor einer Viertelstunde war Julchen noch ein dummes, mit Puppen spielendes, seekrankes Blag gewesen. Und nun hatte sie SINDBAD durch die Gewitterbö gesteuert und ihnen dadurch vielleicht das Leben gerettet. Es war wie ein Wunder.

„Komm", sagte Frieda und strich ihr stolz eine klatschnasse Haarsträhne aus der Stirn, „krichst'n Stück Schokolade. Oder lieber'n Apfel?"

„Schokolade? Quatsch!" brummte Gustaf, während er das Ruder übernahm. „N' Schnaps mutt se hebbn. Wullt du'n Köm, Stüermann?" — „Nein!" krähte Frieda. „Du büst wohl mall, Mann ... Alkohol für das Kind!"

Als Julchen etwas verlegen mit dem Kopf nickte, langte der Skipper gerührt die Buddel mit dem Eierlikör aus dem Rack, schüttelte sie zünftig und reichte sie der fassungslosen Tochter — ganz ohne Glas wie unter Männern.

Julchen rammte sich den Hals der Buddel in die Kehle und tat so, als ob sie tränke. Gustaf ließ den aufgeweichten Zigarrenstummel in den leewärtigen Mundwinkel wandern, schluckte kurz und wischte sich ein paar Gischtspritzer aus den Augen. Dann sah er Julchen an —. Nee, so wat! Stüert dat Schipp un supt Köm. Und so plötzlich!

Und ihn überkam mit einmal ein solch warmes, väterliches Gefühl, wie er es nie zuvor an sich beobachtet hatte. Er hatte gar nicht gedacht, daß einem bei einem Mädchen so etwas widerfahren könnte. Er würde ihr von morgen an das Segeln beibringen — ja, zum Teufel, das würde er. So wahr er Gustaf hieß.

Kompliziertes Leben

Gustaf saß auf der Terrasse des Yachtclubs am Travemünder Leuchtenfeld und ließ sich die Sonne auf den Bauch scheinen. Es war hinter Dahmeshöved eine harte Bolzerei gegen den frischen Südwest gewesen. Nun war er froh, daß die SINDBAD im Passathafen festgemacht hatte.

Während er mit seiner Brasil aromatische Wolken in den Himmel stieß, näherte sich eine Rotte junger Burschen dem Clubhaus. Sie nahmen nach kurzem, abschätzendem Gruß lärmend neben ihm Platz und stritten sich heftig.

Worum es ging, wurde Gustaf bald klar: Sie hatten auf der Bucht mit ihren Jollen gesegelt und dabei eine Ramming gefahren. Der Schaden konnte nicht groß sein — sie sprachen von einer gesplitterten Leiste. Also mußte es etwas anderes sein, das den jungen Hähnen die Kämme schwellen ließ.

Aha, der Lange nahm die Sache in die Hand. Er holte zwei Stühle und stellte Stuhl A so auf, daß er Kurs auf den Leuchtturm nahm, während Stuhl B aus Richtung Veranda quer über den Rasen zur Uferböschung hin steuerte. Als Wind nahm er den langen Schlagschatten des Flaggenmastes.

„Ist doch klar", sagte er dabei, „ich bin mit A in der Dickschiffsrinne geschippert. Also hatte ich Wegerecht, denn Tim kreuzte mit B den Tonnenstrich."

„Idiot!" konterte Tim, ein winziges Kerlchen mit struppigem, blondem Borstenkopf, und zeigte auf den Langen, „du bist doch kein Kümo, Paule! Du hattest den Wind von achtern und mußtest als Vordemwinder allen anderen Raum geben."

Jetzt schaltete sich der Vorschotmann des Langen ein: „Du Plaatsch", sagte er, „das ist doch die alte Seestraßenordnung. Jetzt gibt es keine Vordemwinder mehr. Mach dich bloß nicht lächerlich!"

„Na schön", bellte der kleine Tim zurück, „aber in der neuen SSO heißt es ‚Backbordbug hat Wegerecht'. Und ich hatte den Baum an Backbord."

Nun mischte sich ein vierter in die Diskussion. Er wischte sich die Haar-Gardine, die seine Augen wie bei einem Yorkshire-Terrier verdeckte, zur Seite und warf mit überlegener Miene lässig ein: „Ihr Bullen seid ja balla-balla! Im Tonnenstrich gilt die SSO ja gar nicht. Da gilt die Seeschiffahrtstraßenordnung. Und danach kam Tim, dieser Gartenzwerg, von links und mußte Platz machen. Klare Kiste, was Tim?“

Damit kam er bei dem Kleinen aber schlecht an. „Du Blödmann, komm uns bloß nicht wieder mit diesen Dickschiffsregeln. Die gelten bekanntlich nur für Dampfer. Wir haben aber gereest! Da gelten schließlich immer noch die Wettsegelbestimmungen. Oder etwa nicht?“

Das hätte er nicht sagen dürfen, denn nun ging der Lange in die Luft: „Niemand hat gereest, ihr Affen. Das bißchen Oymelei ist doch keine Regatta. Und überhaupt, denn hättste ja ‚Raum‘ rufen müssen, Tim.“

„Hab ich ja“, kreischte der Kleine, „was kann ich dafür, wenn du Bohnen in den Ohren hast. Und müssen muß ich gar nichts. Davon steht nichts in den Racing Rules.“

Daraufhin stritten sie sich heftig darüber, ob die Tonne E, an der das Unglück passierte, als ‚Wendemarke‘ im Sinne der Wettsegelbestimmungen anzusehen sei und wer zuerst da war. Beide Parteien schrien: „Wiiir! “

Gustaf wurde es warm unter der Mütze. Die Sache schien doch komplizierter zu sein, als er gedacht hatte. Seine väterliche Regung, mit ein paar abgeklärten Worten des befahrenen Mannes in überlegener Ruhe Frieden zu stiften, legte sich schnell. Als der Gefechtslärm einen Augenblick abebbte, zahlte er rasch und verdrückte sich seitwärts in die Büsche. Hinter ihm gellte eine hohe Stimme her: „Hab ich Raum gerufen oder nicht?“ Und eine dunkle antwortete: „Halt's Maul, du ... du ... Raumfahrer!“

Gustaf erfuhr auf diese Weise nie, ob Stuhl A in diesem Rechtsstreit Sieger blieb oder Stuhl B. Es interessierte ihn auch nicht genügend, um sich danach zu erkundigen. Was ihn aber beunruhigte, war die Ungewißheit, ob der Segelsport nicht doch etwas zu kompliziert war für das einfache Gemüt eines Mannes, der nichts weiter als sein Vergnügen an dieser Sache suchte.

Oder lag es womöglich gar nicht am Segeln?? War es das L e b e n, das so kompliziert geworden war? Er wußte es nicht, und es hatte auch keinen Sinn, Frieda danach zu fragen. Oder gar Julchen.

Die modischen Kleinigkeiten

Angenommen, Frieda kauft sich einen neuen Hut, dann zieht Gustaf eine Flunsch. Aber Frieda kauft sich keinen Hut. Und Gustaf kann deshalb großzügig behaupten, er würde bei Frieda einen neuen Hut überhaupt nicht bemerken. So ist das mit Friedas Hüten, den nichtgekauften. Aber wie anders sieht es bei dem modischen Krimskrams aus, mit dem Gustaf laufend seine SINDBAD verschönt.

‚Den Wert erhalten' nennt Gustaf das, und er ist stolz auf seinen kaufmännischen Weitblick. Friedas ‚Werte' erhalten sich offenbar von alleine. Jedenfalls wendet Gustaf da wenig Investitionsmittel für auf. „Mien Deern, du büst för mi am scheunsten ohne Lack un Moleri." — Frieda seufzt — ach, wenn er das doch auch von der SINDBAD sagen würde. Aber an der putzt und wienert er das ganze Jahr über. Und er schleppt immer wieder neuen Fummelkram heran, mit dem er den alten Trog behängen kann. Wirklich — ein Schiff müßte man sein. Jedenfalls sofern man mit Gustaf zusammenlebt.

Man sollte meinen, bei einem seeklar ausgerüsteten Schiff gäbe es kaum noch etwas zu verbessern. Aber das hieße Gustafs Ideenreichtum gewaltig unterschätzen. Immer findet er noch Steigerungsmöglichkeiten, und sei es nur, Dinge wieder einzuführen, die er vor Jahren bereits als ungeeignet ausgemustert hatte.

Wozu braucht eine Yacht zum Beispiel einen Klüverbaum? So ein Ding ist beim An- und Ablegen mehr als hinderlich. Es macht Ankermanöver zu einem prickelnden Wagnis. Und es gefährdet überdies Friedas Leben, wenn sie, auf dem Bauch liegend, im Seegang den Klüver bergen muß. Es gibt eigentlich keinen Grund, solch altmodischen, sperrigen Apparat auf SINDBADS Vorschiff anzubringen — es sei denn, man wäre ein Liebhaber klassischer Galionsfiguren. Und eben das ist Gustaf.

Deshalb mußte vor zwei Jahren ein dicker Rammsporn SINDBADS L.ü.a. beträchtlich vergrößern, denn nur er vertrug sich mit der kantigen Holzschnitzerei, die, karyatidengleich sich unter das Bugspriet stemmend, Gustaf das Gefühl verlieh, ein Korsar des 17. Jahrhunderts zu sein. Und er parierte das höhnische Lächeln der Stegkameraden mit einer geschickt ausgedachten Geschichte über SINDBADS Luvgierigkeit, die nur durch eine Vorverlegung des Segelschwerpunkts zu beheben war. Frieda, die sich heftig über die unnötige Erschwerung ihrer Vorschiffspflichten ärgerte, verstand natürlich nichts von Gustafs technischen Überlegungen. Ihr sagte er — und sie glaubte es fast —, so ein Ding wäre ein herrlich bequemer Landgang.

Den Klüverbaum baute Gustaf selbst. Die Schnitzerei hatte ihm sein Freund Kuddl gemacht. Sie sollte ‚SINDBAD den Seefahrer' aus Tausendundeiner Nacht darstellen. Da aber weder Kuddl noch Gustaf eine Ahnung hatten, wie dieser morgenländische Patenonkel einst ausgesehen hatte, wurde etwas daraus, das im oberen Bereich Nathan d. Weisen ähnelte und unterwärts der Jungfrau von Orleans im Nachthemd. In bunt natürlich,

denn Gustafs ausgeprägter Farbensinn verlangte einen drastischen Kontrast zum Weiß des Schiffskörpers.

Kaum hatte er den Spargel am Steven montiert, überraschte ihn Heini auf seiner SEEMÖVE mit einer atemberaubenden Bugkanzel-Kreation. Dunnerlüchting, war das ein elegantes Ding! Nicht wie Gustafs alter Korb mit den drei geraden Gasrohrbeinen, nein — ein geschweiftes Chromgeländer, das sich ausladend über das Schanzkleid reckte und dem Decksprung in kühnem Bogen folgte. Die schräg nach vorn strebenden Stützen verliehen ihm das Aussehen eines vorwärtsstürmenden Mustangs, an dessen Kopf die Positionslampen wie die Augen einer Hoangho-Dschunke leuchteten.

Gustaf war sofort Feuer und Flamme und nahm mit dem Zollstock Maß. Wenn man die Beine etwas breiter setzte und den atemberaubenden Sprung ein wenig milderte, paßte das Ding auf die SINDBAD wie die Faust aufs Auge. Was aber war eine Bugkanzel ohne das entsprechende Pendant auf dem Achterdeck! Also baute er den Heckkorb gleich dazu. Nun hatte SINDBAD einen kompletten Seezaun, dessen doppelte Funktion (zum Festhalten und als Stolperdraht) den Marktwert des Schiffes beträchtlich erhöhte.

Und so ist es bis zum heutigen Tag geblieben: Wo Gustaf etwas sieht (und er sieht viel auf seinen Reisen von Laboe bis Anholt), zergrübelt er seinen Kopf, ob das nichts für ihn sein könnte. Dabei fallen ihm meistens mehrere Lösungen ein, die er, koste es was es wolle, alle ausprobieren muß. So kommt es, daß die SINDBAD mit der Zeit mehr dem Lagerschuppen einer Abwrackwerft ähnelt als einer Segelyacht.

Frieda ärgert sich, weil sie sich an und unter Deck kaum noch rühren kann, aber sie findet bei Gustaf kein Gehör. Schließlich dient ein großer Teil der modischen Verbesserungen doch ihrer Bequemlichkeit. So z. B. der versenkbare Doppelschwingkocher, dessen Arretierung immer im ungeeigneten Augenblick einrastet, so daß Frieda alle naslang die Spiegeleier aus dem Besteckkasten fischen muß. Oder der als besondere technische Sensation von Gustaf in schlaflosen Nächten konstruierte Messetisch, an dessen hochklappbarer Unterseite ein riesiger Kleiderschrankspiegel Friedas Morgentoilette verschönen soll. Aber Frieda klappt ihn nie hoch, denn erstens mag sie sich vor 10.00 Uhr nicht im Spiegel begucken (und schon gar nicht in solch großem), und zwotens hängt Gustaf, unter Deck weilend, zumeist mit den Ellbogen und dem halben Bauch über der Tischplatte, so daß sie ihn nicht einmal hochklappen könnte, wenn sie es wollte.

Ja, so ist das mit Gustafs Verbesserungsfimmel. Alles muß dafür herhalten. Nichts ist vor ihm sicher. Die Backstagstrietscher werden nach achtern versetzt und die Fock-Leitösen nach vorn. Oder umgekehrt, wie es gerade kommt. Das Skylight kriegt ein Mückengitter, im Cockpit schraubt er eine Halterung für Bierbuddeln an. Für die Bilgepumpe erfindet er einen Kompressor, mit dessen

Hilfe er das Deck abspritzen kann. (Als ob es keine Schlagpütz gäbe!) Und unter Deck wimmelt es von Steckdosen, elektrischen Zigarrenanzündern und sonstigem sinnlosen Quatsch, der ebensowenig benutzt wird wie die zahllosen Miniaturschapps, die der Schipper überall einbaute. Alles überflüssiger Kram, meint Frieda. Stößt man sich bloß an.

Doch Gustaf erfindet weiter: eine Gummizugvorrichtung zum Steifsetzen der Dirk. Eine Backschaftslappen-Trockenanlage über dem Auspuffrohr. Eine verchromte Klapp-Badeleiter, falls jemand mal baden sollte, was jedoch nie vorkommt. Und nach den ersten 13 als untauglich verworfenen Modellen jetzt auch noch die 14. Pinnenarretierung, von Gustaf (der fälschlicherweise dabei an Chichester denkt), ‚Selbststeurer' genannt und im Gebrauchsfall heftig verflucht.

Wenn er mal wo liegt, gibt es für ihn nichts Schöneres, als seinen Nachbarn diese Dinge vorzuführen. Und die Nachbarn revanchieren sich mit neuen Anregungen, die Gustaf sich gleich notiert. Denn der nächste Winter kommt bestimmt. Und mit ihm die schöne Zeit der Bastelarbeiten am Küchentisch, die Frieda so sehr schätzt und die den Schipper Weihnachten, Küchendüfte und Winternebel vergessen lassen.

Ja — Gustafs Erfinderkopf müßte man haben.

Über den Wolken

Heini hatte sich ein neues Schiff gekauft. Ausgerechnet in der Wilstermarsch. Als ob es an der Ostseeküste keinen passenden Schlitten gäbe. Nun mußte der Pott von der Stör nach Kiel versegelt werden, und Heini bat Gustaf, ihm dabei zu assistieren. „Klor“, sagte Gustaf, „mok wi.“

Das Schiff lag in Kasenort. Sie hatten erst ziemlich spät ablegen können, denn die Flut lief bis gegen 18.00 Uhr. Aber es hatte keinen Zweck, gegen die starke Strömung der Stör anzugehen. So kam es, daß die Sonne sich an diesem milden Spätherbsttag bereits anschickte, hinter der Kimm zu verschwinden, als sie ihre Leinen vom Schlengel des kleinen Yachthafens an der Schleuse der Wilsterau loswarfen, um mit dem einsetzenden Ebbstrom flußabwärts zu schippern. Sie hofften, Störort, wo der Fluß in den großen Elbestrom mündet, noch mit dem letzten Büchsenlicht zu erreichen. Auf der Elbe mochte es dann ruhig dunkel sein; Brunsbüttelkoog und die Kanalschleusen würde man auch bei Nacht finden.

Mit dem leichten Nordost trieb das Schiff raumschots in gemächlicher Fahrt an den blanken Schlickbänken der Stör entlang. Den Freunden fiel auf, daß die Sonne nicht, wie erwartet, hinter den Bäumen der rechten Uferkante untertauchte: Wie von einer Geisterhand fortgewischt verschwand sie eine Handbreit über den Baumkronen buchstäblich in der Luft. „Hest dat sehn?“ fragte Gustaf. — Heini hatte es gesehen. Er fand es ziemlich sonderbar.

Nach einer halben Stunde standen sie in der Gegend von Beidenfleth. Es wurde plötzlich kühl, und Gustaf ging unter Deck, um warme Plünnen zu holen. Als er wieder an Deck kam, hatte er das merkwürdige Gefühl, die Natur habe sich in den wenigen Minuten verändert. Er konnte nicht genau sagen, was anders geworden war. Auch das klöternde Murmeln der Bugwelle, das Rauschen des

Windes in den Ohrmuscheln und das Knarren der Blöcke schien ihm eigenartig dumpf und hohl zu klingen.

Als er sich eben anschickte, der Ursache auf den Grund zu gehen, kreuzte ein zartes, schleierartiges, weiß-graues Gebilde den Kurs ihres Schiffes. Gustaf schien, als ob jemand vor ihnen einen hauchdünnen Vorhang zugezogen und wieder geöffnet hätte.

„Na also“, sagte Heini, „Nebel“. — Gustaf hätte es sich eigentlich denken können. Sekunden später sah er, wie sich eine Wand aus grauer, pelziger Watte vor ihnen aufbaute. Sie verwehrte die Sicht auf die nächste Krümmung des Flusses, verschluckte die Ufer und verdeckte bald darauf das ganze Fahrwasser. Es war, als seien sie in einen Sack hineingefahren. In einen Sack, der hinten zugebunden war, denn auch achteraus war nichts weiter zu sehen als Schwaden grauen Nebels.

„Siehst du was?“ fragte Gustaf. — „Nö“, sagte Heini, „rein garnichts. Jedenfalls von hier unten.“

Gustaf stieg auf die Ducht. „Man kann darüber hinwegsehen“, sagte er, — „Dann sag mir, wo es lang geht“, sagte Heini. — Mit „'n büschen Backbord, een lütten Slag Stüerbord“ dirigierte Gustaf ihn bis zur nächsten Ecke, wo die Stör am Pankokenkrog die große Schleife macht.

Seit sie in Kasenort abgelegt hatten, war der Strom ganz schön in Schwung gekommen. Er brauste mit ihnen jetzt so

flott zu Tal, daß die Schlickbänke rechts und links nur so vorbeigeflitzt wären — wenn man sie hätte sehen können. Aber man konnte sie nicht sehen, obwohl der mittlerweile auf den Zehenspitzen stehende Gustaf seinen Hals reckte wie ein Zaungast beim Fußball-Länderspiel. Es half nichts — er mußte aufs Kajütdach steigen. Einige Zeit später sogar auf den Reffbeschlag des Großbaums.

Nun ging es wieder eine Viertelstunde. Aber dann war die Nebelbank so hoch, daß selbst von diesem Ausguck aus die Konturen der Ufer nicht mehr zu erfassen waren. Gustaf kalkulierte: 3 Meilen Strom plus 3 Meilen Fahrt macht 6 Meilen über den Grund. Mit diesem Affenzahn auf Schlick zu donnern, war nicht die wahre Liebe. Ankern? Ja — aber wo, wenn man nichts sah. In der Mitte des Fahrwassers ging es nicht, denn da hätte der nächste vorbeirauschende Klütenewer sie todsicher in der Luft zerblasen. Und an den Kanten? Gerade sie sah man ja nicht. Außerdem war es ein eigen Ding, bei Ebbstrom auf der Stör über unbekanntem Grund zu ankern, wenn man vorhatte, Brunsbüttelkoog noch mit der gleichen Tide zu erreichen.

Während die Freunde darüber so ihre Betrachtungen anstellten, hörten sie hinter sich ein blubberndes Schraubengeräusch und dazwischen das gleichförmige, trockene Husten eines Schiffsdiesels. Aha! — Gustaf hatte die Hände hinter die Ohrmuscheln gelegt und lauschte nervös nach achtern in die Watte, um den Abstand des aufkommenden Kümos zu peilen. Da zerriß der quäkende Schrei eines Nebelhorns die Stille hinter ihnen. Es klang, als ob die Posaunen von Jericho den Weltuntergang verkündeten, und Gustaf rief erschrocken: „Paß op, de hett uns glieks bi de Büx!" — Heini legte hart Ruder, und ihr Kahn schor zur Seite. Im gleichen Augenblick sahen sie den hohen Steven und die ragenden Bordwände des Motorschiffs aus dem Nichts der Nebelwand auftauchen und wenige Meter entfernt wie einen gigantischen Schatten vorübergleiten.

„Dämliche Bande", brummte Heini, „die tuten auch erst, wenn sie vorbei sind. Als ob das ihr Privatnebel ist." — Gustaf kratzt sich am Kopf und dachte nach. „Mönsch, weiß' was", sagte er dann, „die Brüder kieken von der Brücke aus womöglich über die Schmiere hinweg. Man müßte mal sehen, wie hoch der Nebel überhaupt steht." Und schon kletterte er am Mast empor.

Auf halber Höhe hielt er an. „Siehs was?" fragte Heini. — „Nö" — „Dann steig man op de Saling."

Gustaf machte ächzend ein paar weitere Klimmzüge. Dann hing er mit einem Bein über der Saling — gute 6 Meter über Deck. „Siehs jetzt was?" — „Mönsch!" tönte es von oben, „prima Aussicht! Unterhalb der Deichkrone ist alles dick. Aber darüber hinweg ist feine Sicht. Wewelsfleth ist gleich querab. Lütten Slag Backbord! — Recht so!"

Und so lotste er von seinem luftigen Ausblick aus Heinis neue SEEMÖVE von Krümmung zu Krümmung die Stör entlang. Er sah die Kräne von Wewelsfleth, die Dächer der Werftgebäude und die Masten der am Ufer vertäuten Schiffe. Unterhalb des Deichstrichs sah er nichts. Da klebte der Nebelbrei so dick auf dem Wasser, daß er Mühe hatte, Heini am Ruder zu erkennen.

Während Gustaf von oben „klein büschen Backbord — zehn mehr — recht so — Null" brüllte, steuerte Heini am Kompaß Hilfskurse. Ab und zu stieß er ins Horn, wie das Gesetz es befahl, und empfahl dabei sein Schicksal der Barmherzigkeit des Himmels. Denn: Mochte der Radargast da oben seine Sache auch ganz gut machen — ein seltsames Ding blieb es doch, im Blindflug durch die Schlickbänke der krümmungsreichen Stör zu sausen. Unter freundlichen Zurufen aus den Wolken erreichte die SEEMÖVE auf diese nicht alltägliche Weise Störort und die nebelfreie Elbe. Zwei Stunden später machten sie am Brunsbütteler Yachthafen fest.

Als sie sich im Cockpit bei einer Buddel Export von den Strapazen der Reise erholten, blickte Gustaf nachdenklich den Mast an. „Schönen Mast", sagte er, „stark und hoch. — Aber 'ne totale Fehlkonstruktion."

„Wieso?" fragte Heini schläfrig und mit seinen Gedanken schon fast in der Koje.

„Mönsch Heini! Da oben fehlt doch ein Mastkorb — so'n Kreihennest as de Walfängers hebbn dohn. Sowat sett ick mien SINDBAD in'n Winter op de Saling. — Kanns' ümmer ma gebrauchen."

Sprachs und griff zu Papier und Bleistift, um einen ersten Konstruktionsentwurf anzufertigen.

Führerscheine

Gustaf hat seinen B-Schein vor rund zwanzig Jahren gemacht. Nicht etwa, daß es damals nicht mit rechten Dingen zugegangen ist, nein — aber zwanzig Jahre sind eine lange Zeit. Da kann man schon eine ganze Menge vergessen — vorausgesetzt, man hat es jemals gewußt, aber das wollen wir Gustaf ruhig unterstellen. Und er ist ja auch immer ganz gut ausgekommen mit seinem Wissen. Er hat Anholt im Nebel gefunden; er hat zahlreiche Strandungen (besonders häufig vor Marstal und Orth a/F) überstanden; er hat in der Gewitterbö vor Stein seinen Mast verloren und die Trümmer heil nach Hause gebracht. Er kann mit Seekarte, Peilscheibe, Lot und Kompaß umgehen und versteht es meisterhaft, der staunenden Mitwelt Anlegemanöver auf engstem Raum vorzuführen.

Auch mit dem Wetter kommt er ganz leidlich zurecht, obgleich ihn die Diskrepanz zwischen eigener Beobachtung und offizieller Vorhersage oft nervös macht. Nur nachts — also das muß einmal offen ausgesprochen werden — nachts, da schippert Gustaf nicht gern. Frieda auch nicht, von Julchen ganz zu schweigen, doch das hat andere Gründe: die Frauen graulen sich nämlich nachts auf See. Nun, bei Gustaf kann von Angst natürlich keine Rede sein, aber er hat, ehrlich gesagt, einige Schwierigkeiten mit der nächtlichen Navigation. Die vielen Leuchtfeuer verwirren ihn. Es geht ihm mit den Leuchtfeuern so ähnlich wie mit den Sternen: Manche erkennt man auf Anhieb. Aber die meisten nicht. Und eben diese sind es, die Gustaf die nächtliche Segelei vermiesen. Früher ist er einfach drauflos geschippert — Schoten dicht, immer an der Wand entlang und hübsch ein Feuerchen nach dem anderen: Bülk, Schleimünder Hafen, Falshöft, Pöls Huk usw.

Doch seitdem er vor zwei Jahren Gammel Pöl mit Skjoldnäs verwechselte und dadurch, statt in Mommark anzubinden, auf den Klamotten vor Ärö landete, hat er das Vertrauen zu dieser ebenso simplen wie bewährten Methode verloren. Er versuchte es dann noch ein-, zweimal mit einem Leuchtfeuerverzeichnis, welches er den ausgemusterten Übungsbeständen der Jugendgruppe entnahm. Aber es wollte und wollte nicht klappen. Entweder war das Verzeichnis zu alt, oder Gustaf zählte die Kennungen falsch aus. — Für eine nächtliche Schipperei auf der Westlichen Ostsee war das jedenfalls nichts. Gustaf hätte dafür fünf Hände, eine Stoppuhr, eine schärfere Brille sowie ein neueres Verzeichnis gebraucht. Und viel, viel Geduld. Doch das war ihm zuviel Aufwand. Es war einfacher, nachts nicht mehr zu segeln. Womit er gleichzeitig dem Bedürfnis seiner Mädchen nach ungestörten Bauernnächten weitgehend entsprach.

Die Lage änderte sich schlagartig, als Julchen 14 Jahre alt, Mitglied der Jugendabteilung und Aspirantin für den Jollenführerschein geworden war. Da quälte sie den Vater dauernd mit nautischen Problemen und wollte wissen, welche Lichter ein Flugzeugträger vor Anker führt, woran man ein Nebenfahrwasser erkennt und wie eine Hosenboje funktioniert.

Gustaf sagte „Quatsch", doch Julchen ließ nicht locker. Also dachte Gustaf nach. Verflixt — er konnte sein Gehirn nach außen stülpen — aber er kam nicht drauf. Es lag ihm auf der Zunge, gestern hätte er es noch gewußt, nur heute war es eben nichts damit. Mach scha auch nix — kann dscha jeden ma passiern!

Julchen, die bis dato ihren Skipper als Ausbund maritimer Gelehrsamkeit bewundert hatte, begann an ihrem Idol zu zweifeln. „Mönsch, Vati", sagte sie, „ich glaub fast, du weißt das gar nicht." — Gustaf protestierte beleidigt unter Hinweis auf seinen B-Schein. — „Na, wer weiß, wie du an den rangekommen bist", bohrte Julchen mit infantiler Grausamkeit in des Skippers offener Wunde.

Nein, so ging es nicht weiter. Das Mädchen wuchs ihm allmählich über den Kopf. Ob man das verklemmte Erinnerungsventil mal mit etwas Selbststudium ölte?

Gustaf langte sich die Seemannschaft aus dem Bücherschrank und steckte sie heimlich zu den Butterbroten in die Aktentasche. Vielleicht konnte man im Büro ja mal. Zu Hause war es zu auffällig. — Aber das Büro war ein schlechtes Studierzimmer, und Gustaf gab es bald auf. War ja auch Quatsch, sich bloß wegen dem Gör solche Umstände zu machen.

Da zeigte Heini ihm eines Tages die Verordnung über den Erwerb des amtlichen Motorbootführerscheins mit 327 kleingedruckten Prüfungsfragen. „Lies ma“, sagte er, „ganz intessant, wat die Quiddjes nich allens wissen müssen.“

„Och“, meinte Gustaf, der Motorbootmenschen von Grund auf verachtete, „wozu denn. Den ihren Blödsinn kenn ich all auswendig.“ Doch um Heini eine Freude zu machen, steckte er den Fragebogen ein. Er tat dies mit der festen Absicht, ihn ganz bestimmt nicht zu lesen. Und er nahm ihn sich auch abends nur vor, weil er partout nichts Besseres vorhatte.

Nach flüchtiger Durchsicht bestärkten die meisten Fragen ihn in seiner Meinung, daß das, was man von den Benzinkutschern verlangte, für einen Oldtimer wie ihn ‚Kleine Fische‘ waren. Doch je eingehender er das Papier studierte, desto häufiger stutzte er. Die waren wohl größenwahnsinnig! Was gingen diese Leute denn Kreuzpeilungen, Kartennull, Isobaren und die Behandlung von Knochenbrüchen an? Die brauchten doch nichts weiter, als zu wissen, wo die Hupe und der Rückwärtsgang waren. Alles andere war doch eine Angelegenheit für seebefahrene Salzbuckel seines Schlages.

Je weiter Gustaf sich in den Fragebogen vertiefte, desto roter wurden seine Ohren. Als Frieda ihn fragte, was er da lese, zuckte er zusammen und sagte: „Och, nur was Gedrucktes.“ — „Ach so, was Gedrucktes“, sagte Frieda und stickte weiter an ihrem Kissenbezug.

Da es Gustaf zuviel Arbeit machte, die richtigen Antworten hinter die Fragen zu schreiben, machte er überall dort einen Haken, wo er meinte, die Antwort zu wissen. Und ein Kreuz, wo ihm die passende Antwort gerade nicht einfallen wollte. Auf eine Frage garkeine Antwort zu wissen, schien ihm unter seiner Würde.

Besonders lange brütete er über dem nautischen Teil. Damit hatte es bei ihm immer schon gehapert. Verdammt noch mal, also was diese Motorschlosser sich da ausgedacht hatten, das war wirklich ... (wie sagte Julchen immer?) ... „der letzte Heuler“. Wer weiß schon, was Baljen und Legden waren und aus welchen Werten sich eine Fehlweisung zusammensetzte. Die Hauptsache war doch schließlich, daß man dort ankam, wo man hinwollte. Alles andere war Quatsch.

Die Frauen lagen längst im Bett, da grübelte Gustaf, inzwischen reichlich nervös geworden, immer noch über den Prüfungsfragen. Erst gegen Mitternacht war er mit der Lektüre (und auch sonst) fertig. Er zählte die Haken zusammen. Es waren 7. Das war nicht eben viel. Und nun die Kreuze. Er mußte lange zählen. Seine Ohren liefen dabei violett an, und er war froh, allein im Zimmer zu sein. Es konnte fast nicht stimmen: 320 Kreuze.

Da standen sie schwarz auf weiß. Natürlich hieß das nicht, daß Gustaf auf 320 Fragen keine Antwort gewußt hätte. Oh nein — er hätte bei längerem Nachdenken schon die richtige Antwort gefunden. Nur war es dafür schon etwas spät geworden. Morgen oder Übermorgen würde er die richtigen Antworten einsetzen. Vielleicht auch etwas später — mein Gott, es war ja schließlich nur Spielerei. So eine Art Kwitz. Und was gingen ihn überhaupt die Motorfritzen an — er hatte ja seinen B-Schein.

Als er Heini am Wochenende den Fragebogen zurück gab, waren die Kreuze und Häkchen fein säuberlich ausradiert.

„Na“, fragte Heini, „was sachste nu? Allerhand, was?“

„Och“, sagte Gustaf und spuckte verlegen ins Wasser, „lot se doch dat Vergneugen!“ Doch dann ging ein Leuchten über sein Gesicht, und er fügte hinzu: „Is doch scheun! Mit so een Fragebogen jogn se wenigstens de letzte Knatterglitsch vun de Förde. — Un denn sünn wi Segler wedder alleen up See. — Vun mi ut ...“

Sündenfall

Sachen gibt's, die gibt's eigentlich gar nicht. Die kann man nur hinter der vorgehaltenen Hand erzählen. So zum Beispiel wo und wie Gustaf den diesjährigen Sommerurlaub verbracht hat und warum die SINDBAD ohne ihren Skipper...

Also mal ganz im Vertrauen gesagt, schön war das nicht von Gustaf, und man müßte sich eigentlich für ihn schämen, wenn er es nicht selbst tut. Die Sache begann im Frühjahr mit Friedas Rheuma. Der Arzt hatte ihr strikt das Segeln verboten, und Gustaf war sauer wie noch nie. Auch das noch — ihm blieb wirklich nichts erspart.

Bei Heini erleichterte er sein übervolles Herz. Heini dachte einen Augenblick nach und fragte mit pfiffigem Grinsen: „S e g e l n hat der Arzt gesagt?" Klar hatte der Arzt ‚Segeln' gesagt. Was denn sonst. — „Na, ja", meinte Heini listig, „wie wär's denn mit Motorbootfahren?"

Gustaf sah den Freund an, als habe der die SINDBAD angebohrt. War Heini besoffen? Was hatte er gesagt — Motorboot? „Du büst woll nich klok", sagte Gustaf. Erstens hatte er kein Motorboot, zweitens würde er sich auf so ein Dings nie draufsetzen, drittens was sollten die Leute von ihm denken, viertens hatte er doch die SINDBAD am Hals, und fünftens: was änderte das an Friedas Rheuma. Nein — der Vorschlag war Quatsch.

„Man nich so kiebig", sagte Heini, „sieh mal, Frieda soll doch bloß nicht auf deiner alten, nassen Hulk segeln. Hat der Arzt was von einem trockenen, warmen Motorboot gesagt? Hauptsache, du kommst aufs Wasser. Wie, ist doch egal."

„Na und die SINDBAD? Soll ich die versenken?"

„Nee", sagte Heini, „v e r c h a r t e r n ! Krichst ne Masse Geld dafür. Kanns noch dran verdienen."

„Also du büst mi de Richtige!" — Gustaf war platt, dieser Heini war ein Filou. Selbst wenn er es gewollt hätte, wie könnte er das im Verein jemals geheimhalten. Das Gelächter, wenn man ihn mit einer Motorquatze in Strande traf, war nicht auszudenken.

„Braucht ja nicht direkt Strande zu sein“, sagte Heini. „Miet dir doch ein von die eisernen Pantoffeln in Holland. Da brauchs wenichstens nich diesen dusseligen Führerschein wie bei uns. Kost da drüben ok allens blots de Hälfte.“

Gustaf lief eine Woche mit wirrem Kopf umher. Dann hatte er sich — natürlich nur rein informativ und ganz unter der Hand — ein paar Unterlagen über die Charterei in Holland besorgt.

„Na“, fragte Heini ihn auf dem nächsten Klubabend, „hast du dir das überlegt?“ — „Pssst!“ machte Gustaf — wie konnte der Kerl so unvorsichtig sein. Das mußte doch absolut geheim bleiben. „Holland geht nicht“, sagte er leise, „überall Brücken und Schleusen, und dann diese vielen Kühe — da macht Frieda niemals mit.“

„Tjä“, sagte Heini und kratzte sich am Kopf. „Wie wär’s dann mit England? Da soll es ganz schöne Binnenreviere geben.“

„Du büst woll mall“, sagte Gustaf, „ausgerechnet England, wo die Leute nichts als ingelsch sprechen, und dann der Regen und die Gezeiten und überhaupt

— kümmt nich in Froge. England, son Quatsch!“

Im Juni wunderten sich die Vereinskameraden, daß sie die SINDBAD unter fremder Besatzung im Belt und Kattegat trafen. Sie peilten neugierig die Lage, denn das Schiff konnte ja geklaut sein. Aber es war nicht geklaut. Es war verchartert. Und wo Gustaf war, wußten die Leute nicht.

Nee, das konnte wirklich niemand wissen. Nicht mal raten konnte man das. Gustaf schipperte nämlich in England mit einer fetten, hängebäuchigen Motoryacht umher und studierte Land, Leute und fremde Sitten. Er hatte sich vorgenommen, alles schrecklich zu finden, und er tat es ja auch nur Friedas wegen. Na ja, einige Dinge fand er trotzdem ganz bemerkenswert. So z. B. daß die englische Sprache für einen Plattdütschen kaum Schwierigkeiten bot: Stüerbord hieß starboard. Woter hieß water und vull hieß full. Dazu brauchte man kein Lexikon. Und daß die Tommies recht unkomplizierte Leute waren, die ihm das dicke Schiff ohne eine Spur von Mißtrauen und ohne nach einem Führerschein oder Klubausweis zu fragen, nach kurzer Probefahrt in die Hand drückten. Farewell und Gute Reise! Das war alles.

Gustaf lernte, wenn auch unter heftigem Kopfschütteln, daß es als spießig galt, die Fender während der Fahrt einzuholen. Spießig war offensichtlich auch das Fahren einer Flagge, das Bestehen auf Wegerecht, das Rasen, das Verstauen der Festmacher. Gustaf entdeckte die Vorteile

einer Dusche an Bord. Von Stehhöhe, Eisschrank und dickem Schaumgummi in der Koje ganz zu schweigen.

Doch das Seltsamste waren diese Engländer. Die waren ja direkt nett zu einander. Niemand schrie hysterisch „hier könnse nich rein, hier is alles voll“ oder „kommse mir bloß nich an die weiße Farbe“, wie er das von zu Hause gewohnt war. Nein, jeder half dem anderen; Motorboote schleppten ohne viel Worte aufgebrummte Segler ab; jeder nahm unaufgefordert Gustafs Leinen wahr; dicke Pötte verholten wortlos, um ihm an der Muring Platz zu machen. Na und die Krönung war, daß ihn ein Tommy sogar für einen richtigen Schweden hielt. Denk bloß mal! Was für Menschen waren das!

Frieda beruhigte ihn — sicher waren die nur auf dem Wasser so. Ein ganzes Volk konnte doch gar nicht so sein. Nöch?

Machte ihn die britische Freundlichkeit verdutzt, das Motorbootfahren verwirrte seinen Verstand vollends. Er suchte verzweifelt nach negativen Punkten. Es mußte doch irgendwo was Schlechtes dran sein. Man konnte doch nicht 20 Jahre leidenschaftlich gesegelt haben und nun mit einmal an solch läppischem Kram Spaß finden. Er würde den Vereinskameraden nie wieder in die Augen sehen können.

Nach ihrer Rückkehr traf er Heini am Hafen. „Na, wie war's?“ fragte der Freund. — „Och“, sagte Gustaf, „man so!“ Doch dann wandte er sich Heini mit beschwörender Geste zu: „Mönsch, Heini, ganz was Schlimmes ist passiert.“ —„?“— „Ja, stell dir vor: Nicht nur, daß ich mit einem Motorkahn unterwegs war — nee, obendreen hett mi dat ok noch Spoß mokt!“

„Süh so“, antwortete Heini und grinste maliziös.

Abrahams Schoß

Gustafs Frauen haben etwas gegen nächtliches Ankern. Nicht, daß es ihnen am Sinn für Romantik gebricht, nein, das nicht. Aber sie haben einige schlechte Erfahrungen hinter sich. Entweder fing es um Mitternacht an zu blasen (natürlich von der falschen Seite), und sie verbrachten bange Stunden an ruckender Kette vor Leegerwall. Oder SINDBAD torkelte in einer nachts aufkommenden toten Dünung so jämmerlich, daß ihnen das Abendbrot aus dem Gesicht fiel, was unschön aussah und auch der Romantik einigen Abbruch tat.

Kurzum, als Gustaf nach abendlicher Schleichfahrt über die Flensburger Außenförde (infolge der üblichen Motorpanne) in Höhe des Middelgrundes erklärte, er habe die Flaute satt und er wolle im Hörup Haff vor Anker gehen, protestierten die Mädchen lauthals: Sie wollten nicht ankern. Sie wollten weiter nach Sonderburg.

„Quatsch", sagte Gustaf und ließ sich mit flappenden Segeln gemächlich über den Achtersteven ins Hörup Haff treiben. Was sollten die Frauen auch dagegen machen. Saure Mienen höchstens, das war alles, aber was nützte das schon bei einem Sklavenkapitän wie Gustaf.

Vor Hörup rauschten zehn Meter Kette in den Grund. Gustaf hängte das Ankerlicht aus, hockte sich ins taunasse Cockpit und sog mit verbohrter Dickköpfigkeit an seinem Knösel. „Wenn nur kein Wind aufkommt", quengelte Frieda ängstlich, und auch Julchen gab spontan ihren Senf hinzu: „Ümmer das doofe Ankern! In Sonderburg ist es viel schöner . . ."

„Keine Sorge", beruhigte Gustaf seine Besatzung, „hier liegt ihr so sicher wie in Abrahams Schoß." Das mit Abraham klang sehr überzeugend und stärkte zugleich auch seine eigene Zuversicht. Darauf kündigte heftiges Rumoren unter Deck an, daß die Frauen ihre Kojen klarmachten. Der Skipper warf einen prüfenden Blick ringsum: kein Fatz Wind, aber verhangener Himmel und feuchte, klebrige Luft. Keine guten Aussichten für das morgige Wetter — man mußte sehen, daß man in der Frühe zeitig von hier fortkam. Bei Ostenwind mochte es angehn, doch bei Südwest konnte es ungemütlich werden. Ach was — alle Welt ankerte nachts, und nie passierte etwas. Warum sollte ausgerechnet ihnen ...

Aber er behielt doch lieber seine Büxen an, als er sich auf die Koje legte. Man konnte nie wissen.

Gegen 03.00 Uhr morgens scheuchten ihn stampfende Bewegungen hoch, mit denen die SINDBAD sich vor einer rasch zulegenden Dünung verneigte. Die Kämme der kurzen Seen brachen sich rauschend am Steven, und der Wind pfiff dazu mit aufreizender Dissonanz die Oberstimme.

Gustaf schob den Lukendeckel zurück und blickte sich draußen um: Welt, wo hest du di verännert! SINDBAD hatte die Schnauze nach Südwesten gedreht und

ruckte heftig an der zu kurz gesteckten Kette. Schwarze Wolkenfetzen jagten quer über die im Dämmerlicht des anbrechenden Morgens fahl leuchtende Sonderborg-Bucht. Wind und Schwell standen genau in die Einfahrt zum Hörup Haff hinein. Es schien fast schon zu spät, sich aus dieser Mausefalle mit Anstand herauszumogeln. Aber man mußte es versuchen. Es kam jetzt auf jede Minute an, bevor der Südwest noch mehr aufdrehte und der Anker womöglich auf Drift ging.

Der Skipper scheuchte die Frauen mit rohen Worten aus der Koje. Frieda sagte was von ‚Abrahams Schoß', aber Gustaf fuhr sie an. Jetzt war keine Zeit zum Meckern — jede Hand wurde gebraucht. Pantry seefest stauen, zweites Reff einbinden, kleine Fock anschlagen, Anker katten.

Die Mädchen hatten noch gar nicht ganz kapiert, was überhaupt los war, da packte der Kahn sich schon auf die Seite und sprühte die ersten Gischtwolken über Seereling, flatternde weibliche Pyjamas und einen grimmig blickenden Kapitän.

Um 06.00 Uhr steckte SINDBAD ihren Klüverbaum in den verschlafenen Sonderburger Yachthafen. Kein Platz. Im Handelsschiffshafen das gleiche Bild: Yachten aller Größen in Päckchen, dicht bei dicht. Gustaf segelte bis an die Brücke — da, hinten, vor der Margarinefabrik, war noch ein Loch frei. Aber, mein Gott, wie stank es hier — Frieda rümpfte die Nase. Julchen warf einen scheelen Blick über die Reling und quarrte: „Igittigitt — was schwimmt hier alles!"

„Quatsch", sagte Gustaf, der um seine Autorität besorgt war, „Morgenstunde hat Gold im Munde." Dann setzte Frieda Kaffeewasser auf und deckte den Frühstückstisch. Drei bleiche, übernächtigte Figuren hockten abgespannt um die Back.

Julchen döste und hielt das Brot schief; Honig tropfte auf ihre Trainingshose. Gustaf schnauzte grob: „Wahrschau, Jule, du kleckerst auf deinen Schoß!"

Als Frieda das Wort ‚Schoß' hörte, verdüsterte die Erinnerung ihre Züge. Sie hatte den Faden wiedergefunden. Und die Sprache. Zornig funkelte sie den Käpt'n an. „Immer noch besser als ‚Abrahams' Schoß, du . . . du . . ." sagte sie und suchte krampfhaft den passenden Ausdruck. Dann hatte sie ihn gefunden. Ihre Stimme zitterte vor Verachtung, als sie ihn Gustaf entgegenzischte: „du . . . du . . . Ankerich."

Gustaf und das Vereinsleben

Gustaf, befragt, ob er sich für ein gutes Vereinsmitglied halte, würde ohne Nachdenken sofort im Brustton der Überzeugung „Klor!" rufen. Wieso auch nicht? Er zahlt seine Beiträge pünktlich, hält sein Schiff gut in Schuß und begegnet der Hafenordnung mit Respekt. Weshalb sollte er also kein nützliches Mitglied seines Vereins sein?

Im Vorstand ist man darüber anderer Meinung. Die Vereinsväter erkennen Gustafs idealistische Hingabe an den Segelsport zwar ohne Vorbehalt an — über seine Qualifikation zum Supermitglied äußern sie sich jedoch sehr zurückhaltend.

Man hat einige Male versucht, den stets zur Kritik an der Obrigkeit bereiten (und dann lauthals wetternden) Gustaf umzudrehen und ihm ein Amt zu übertragen, um dem Fluß seiner Meckereien einen mehr konstruktiven Verlauf zu geben. Aber es ist seltsam — sobald Gustaf ein Amt innehat, fängt er mit allen Leuten Streit an. Sogar mit denjenigen, deren Meinung er vorher mit Emphase vertreten hat.

In seiner mehr als zwanzigjährigen Vereinszugehörigkeit hat er schon alle möglichen Posten bekleidet; unter anderem ist er Vergnügungswart, Kassenprüfer und Takelmeister gewesen. Aber seine Amtsführung hat ihm, dem Vorstand und den Kameraden mehr Verdruß als Freude bereitet.

Als Vergnügungswart stieß er zunächst mächtig ins Horn. Er organisierte alles — vom Preisskat bis zum Winterball, vom Sparklubessen bis zur Gartenparty. Sogar ein Damenkränzchen rief er ins Leben, obwohl er es mit den Damens gar nicht so dick hatte. Aber es dauerte nicht lange, da gab es Krach mit dem Vorstand, weil die engagierten Kapellen zu teuer, die Eintrittspreise zu niedrig und das Defizit zu groß waren. Die Jugend schimpfte über die doofe Musik, während den älteren Semestern die Tänze zu modern und die Eintrittsgelder zu hoch waren. Der Besuch der Skatturniere ging mangels üppiger Siegerpreise rapide zurück, die Damen verzankten sich, bei der Gartenparty regnete es. Und wer war der Schuldige? Natürlich Gustaf.

Gustaf bellte und biß nach allen Seiten. Er schimpfte sich in Rage, beleidigte den 2. Vorsitzenden, kränkte den Skatausschuß und verprellte auf der Mitgliederversammlung durch übertriebene Vorwürfe die Masse der braven Vereinskameraden. Zum Schluß war die Konfusion so groß, daß er, dem Herzinfarkt nahe, sein Amt mit den Worten „Ji künnt mi alltosom . . .“ zur Verfügung stellte.

Als Kassenprüfer ging es etwas besser. Besonders im ersten Jahr, als er den Bogen noch nicht so raus hatte. Als er dann aber im zweiten Jahr, anstatt die Kasse zu prüfen, die Ausgabenpolitik des Vorstands untersuchte und am Stammtisch orakelhaft andeutete, er müsse da mal mit einem eisernen Besen zwischenfahren, gab es den nächsten Knatsch. Gustaf kam knapp am Ehrenrat (den er, weil er ihm nicht angehörte, entschieden ablehnte) vorbei und sollte sich beim Vorstand entschuldigen. Was er nicht tat. Dafür machte er sich auf der Jahreshauptversammlung unbeliebt, als er dem Vorstand die Entlastung versagte und dem erschrockenen Auditorium zurief: „Mit mi nich! Ji hebbt woll'n Lütten op de Luk.“ Mit diesen eindrucksvollen Worten endete seine

Amtsperiode als Kassenprüfer ebenso abrupt wie sein Intermezzo als Vergnügungswart.

Trotzdem wollte der Verein auf seinen Kampfgeist und seine erzieherischen Ambitionen nicht ganz verzichten. So wählte man ihn, nachdem einige Jahre Gras über die Sache gewachsen war, zum Takelmeister. Dies, so glaubte man, würde seinen Neigungen am ehesten entsprechen. Das hatte nichts mit Geld zu tun und spielte sich auch mehr in maritimen Bereichen ab, in denen Gustaf ja zu Hause war. Frieda war von Anfang an dagegen. Aber sie mußte sich von Gustaf sagen lassen, das sei Männersache, und davon verstünde sie nichts. Nun gut — Gustaf versah sein Amt zunächst durchaus zum Wohle des Vereins und der zahlreichen Bootseigner. Er organisierte das Aufslippen und die Verteilung der Liegeplätze. Es gab hin und wieder Ärger, den er aber kraft seines hohen Amtes im Keim (und lautstark wie immer) erstickte. Dann aber passierte das Malheur mit Konsul Sintern, dem er nach sorgfältigem Studium alter, vergilbter Akten nachwies, er habe seit mehr als vierzig Jahren auf seiner 20-Meter-Ketsch den Klubstander im Skagerrak und vor Helgoland zu Unrecht geführt, da er nur im Besitz des Jollenführerscheins sei.

Der Konsul — Gründungsmitglied und Jugendmäzen — schäumte vor Wut und erklärte spontan seinen Austritt, an dem er nur durch eine versöhnliche Geste des Vorstands gehindert werden konnte. „Allens Schiebung", sagte Gustaf. Diesmal aber vorsichtigerweise nur zu Freund Heini.

Kurz darauf platzte die Sache mit den Fendern. Gustaf hatte durch Aushang am Schwarzen Brett verfügt, daß alle Boote ihre Fender auf der Nordseite auszubringen hätten. Das schien ihm eine einfache Lösung des in allen Häfen leidigen Fenderproblems. Aber merkwürdig — entweder wußten manche Leute nicht, wo Norden war, oder sie lasen grundsätzlich keine Aushänge am Schwarzen Brett.

Gustaf glaubte, alle Welt habe sich verabredet, ihm einen Streich zu spielen, und er reagierte entsprechend scharf. Er stauchte den 1. Vorsitzenden zusammen, daß der Steg wackelte, drohte dem Professor Braun, er werde ihn aus dem Hafen scheuchen, und erregte den heftigen Unwillen zahlreicher Skipper, indem er persönlich zu ihnen an Bord kletterte und ihre Fender umhängte.

Dazu kam der Ärger mit den unordentlichen Leuten, die ihre Kähne nicht — wie Gustaf es wollte — mit dem Heck am Steg anbanden, sondern den Verkehr mit dem Land lieber über den Vordersteven abwickelten. — Er schimpfte, fluchte und belehrte. Aber die Menschheit war eben unbelehrbar. So war die Pleite mit der Flaggenparade eigentlich nur noch der äußere Anlaß, den Topf zum Überlaufen zu bringen.

Gustaf hatte eine lange, raffiniert ausgeklügelte Flaggenordnung für seinen Hafen erlassen, die niemand befolgte, weil solche Sachen den individualistischen Seglern nun mal ein Greuel sind. Bei dem Versuch, sein Hausrecht etwas außerhalb der Legalität durchzusetzen, zersplitterte plötzlich die Flaggenstange am Heck eines hamburgischen Gastes. Der Abbruch der diplomatischen Beziehungen mit dessen angesehenem Klub konnte nur dadurch verhindert werden, daß der Vorstand (charakterlos wie solche Leute eben sind) sich in Gustafs Namen wieder mal entschuldigte. Das war genug für Gustaf. Ihm reichte es ein für allemal. Zornbebend und mit sich und der Welt zerfallen zog er sich auf seine SINDBAD zurück und überließ dem stellvertretenden Takelmeister von diesem Zeitpunkt an die weitere Führung der Amtsgeschäfte. Seitdem gehört er wieder zur Opposition.

Er grollt, brummt und meckert im Chor über ‚die da oben'. Er besucht keine Veranstaltungen außer An- und Absegeln (und auch das nur, weil Frieda es will). Auf der Hauptversammlung, zu der er geht, ‚weil er denen da oben mal richtig die Meinung geigen will', tuschelt er bloß im Hintergrund und stimmt für oder gegen die Anträge, wie es gerade kommt (d. h. meistens dagegen). Er ruft auch mal „Hört, hört!" und „Groten Quatsch", aber er ist nicht mit dem Herzen dabei; er ruft das eigentlich nur, weil er seinen Jahresbeitrag nicht ganz umsonst gezahlt haben will. Und wenn ihn jemand fragt, ob er nicht wieder ein Amt übernehmen möchte, z. B. den vakanten Posten des Fahrtenobmanns, sieht er den Frager scheel von der Seite an, schiebt den Unterkiefer vor und knurrt verächtlich: „De Düwel sall mi holln! Dat lot man de Lüd moken, de sick giern in den Vordergrund drängen dohn, bi de Vorstandskrippe un so. Dat is nix för unsereen."

Tigerjagd in Dänemark

In Schleimünde waren sie noch nicht. Doch das ist kein Wunder, denn wie sollten sie dort auch hinkommen? Wo Schleimünde doch beinahe eine Insel ist und dort nichts lebt oder wächst, was ihren unersättlichen Hunger stillen könnte.

Eigenartigerweise war auch Sonderburg von ihnen verschont geblieben, obwohl dort genügend fettes Fleisch herumlief. Vielleicht mochten sie den penetranten Geruch der maritimen Margarineabfälle nicht, der sich wie eine Käseglocke über den Hafen stülpte und Mensch und Tier den Atem raubte.

In Kalö aber traf die SINDBAD dann den ersten Tiger. Ein herrliches, wildes, schwarzgelb gestreiftes Biest, welches, sobald es Gustaf erblickte, mit gräßlichem Gebrumm über ihn herfiel, so daß ihn nur ein rasanter Rückzug in SINDBADS Bauch rettete. Ein paar Mal umkreiste die Bestie das Schiff. Dann verzog sie sich ins Dickicht des nahen Waldes.

Natürlich sind die Tiger keine richtigen Tiger, und auf der SINDBAD nennt man sie nur so, weil Julchen fand, daß sie viel mehr nach richtigen Tigern aussähen als die im Fernsehen. Was ist denn schon ein richtiger Tiger: Eine dicke, feige Katze mit großen Füßen und viel Theater. Sie läuft so schnell davon, daß eine ganze Safari nötig ist, um sie zu fangen. Und wenn man nicht aufpaßt, entwischt sie im letzten Augenblick doch noch. So etwas soll nun ein Tiger sein!

Dänemarks Hafentiger sind dagegen Oger, die sich mit Todesverachtung auf einen tausendfach stärkeren Gegner stürzen, wobei es ihnen völlig gleichgültig ist, ob man mit dem Kochpott klötert, Feuer anzündet, hektisches Gebrüll ausstößt oder gewaltige Tabakwolken um sich verbreitet.

Was, da staunen Sie, daß es solche Tiere gibt! Und obendrein im friedlichen Dänemark, wo selbst die Hunde erst um Erlaubnis fragen, bevor sie einen beißen. Sie sind dann eben nicht in jenem tollen

Sommer dort gewesen, als die Luft erzitterte von ihrem Geheul und sie die Bootsbesatzungen mit ihren Kamikaze-Überfällen in die Flucht schlugen. — Die Wespen!

Sie erwiesen sich in jenem heißen Sommer als die wahren Könige des Tierreichs, und Julchen taufte sie deshalb Tiger. Weiß Gott, sie trugen diesen Namen mit Würde!

In Kalö fing es, wie gesagt, an. Tiger Nummer eins hatte nach einer kurzen Aufklärungsaktion in Richtung Wald abgedreht. Aber er tat dies nur, um nach kurzer Zeit, um etliche Genossen verstärkt, zu einem massiven Angriff auf die SINDBAD überzugehen. Vielleicht weil Julchen so gut roch oder weil der Duft von Friedas Apfelstrudel sie animiert hatte — sie stürzten sich jedenfalls von allen Seiten auf den Skipper und seine Mädchen und schlugen sie Hals über Kopf in die Flucht.

Auf dem Nachbarschiff saß ein junger Bursche im Cockpit. Er hatte eine Segellatte in der Hand und trieb damit ein makabres Spiel. Alle Augenblicke hieb er sie in die Luft, und es machte ‚klatsch'. Wenn er einen Tiger erledigt hatte, leuchteten seine Züge.

„Wie lange machst du das schon?" wollte Gustaf wissen.

„Drei Tage", sagte er. Die übrige Besatzung sei von Bord geflohen. Er selbst räche sich jetzt an den Viechern für den versauten Urlaub. Klatsch!! Sie seien in diesem Jahr so toll wie noch nie und offenbar besonders auf Deutsche versessen. Klatsch!! Klatsch!!

Gustaf überlegte kurz. Dann stellte er zwei fast leere Bierflaschen aufs Vorschiff, auf die sich die Tiger sofort mit verbissener Wut stürzten. Der Skipper riß das Niedergangsluk auf, schubste die Besatzung in die Kajüte, schlug das Vorluk zu und rettete so das Familienleben und den Abendfrieden.

Am nächsten Morgen ging SINDBAD ankerauf, ehe die Sonne aufgestanden und bevor die Tiger erwacht waren. Die beiden Flaschen waren zur Hälfte gefüllt mit schwarzgelb geringelten Bierleichen. Gustaf stellte sie dem Nachbarn aufs Deck und machte, daß er davonkam.

Der nächste Hafen — Assens — war völlig tigerfrei. Wären sie doch nur dort geblieben! Aber der Teufel mußte ihnen ins Ohr geflüstert haben: „Segelt nach Dyreborg!" Alles sprach an sich gegen Dyreborg. Der Wind war gegenan, der Strom setzte hart nordwärts, und über Alsen stand eine Gewitterbank. Sie aber mußten ausgerechnet nach Dyreborg. Und zwar nur Julchens wegen, die behauptet hatte, dort schmecke das Sahneeis besonders gut, und der Eismann stünde direkt am Hafen. Nachmittags kamen sie dort an. Drei frische, kräftige, von der Seefahrt gestählte Leute.

Der Bursche aus Kalö (der mit der Latte) lag wieder neben ihnen. Seine Besatzung hatte erneut Reißaus genommen, und er hielt jetzt seinen Sonnenbrand feil und erschlug mit der Segellatte seine Feinde. Er erzählte Frieda, daß sie eigentlich nach Dyvig wollten. Aber dort seien die Viecher derart gierig auf deutsches Fleisch gewesen, daß sie weitersegeln mußten. Man hatte ihnen zu Dyreborg geraten. Dort solle der Geruch der Müllsäcke auf der Pier alle hochentwickelten Lebewesen vertreiben. Die Menschen ausgenommen. „Jetzt sind wir hier“, sagte er, „aber hier sind sie noch viel schlimmer als in Dyvig. Passen Sie auf, an Ihrem Teelöffel sitzt einer. Klatsch!“

Weil keine leeren Bierflaschen zur Hand waren, leerte Gustaf schnell einige Buddeln und stellte sie auf die Kaimauer neben die Gasölzapfsäule. Die Tiger verließen im Sturmangriff die Müllecke, umkreisten Gustafs Bierfallen, schnüffelten daran und merkten, daß sie leer waren. Sie waren wütend: Sie wollten v o l l e Buddeln sehen. Sie umkreisten bedrohlich des Skippers Haupt, bis der sich unter Deck verholte. Frieda und Julchen hatten sich schon vorher an Land versteckt.

Gustaf, gewohnt, methodisch zu denken und überaus praktisch veranlagt, ka-

men im Nu eine Fülle glänzender Einfälle, wie er im Handumdrehen mit allen Hafentigern Dänemarks — einschließlich der des Nachbarbootes — aufräumen könnte, ohne sich mit Exportbier kampfunfähig zu machen.

Als erstes machte er einen Geschmackstest, indem er Brotstücke mit Schmalz, Salami, Gurkenstückchen, Käse, Ei und geräucherter Makrele beschmierte und diese Bissen auf dem Kajütdach auslegte. Er mußte jedoch feststellen, daß die Tiger diesen Test offenbar als lächerlich empfanden, denn sie ließen sich nicht daran hindern, in dichtem Schwarm seinen Kopf zu umkreisen.

Darauf folgte der Zitronentest. Er goß etwas Zitronensirup in ein Marmeladenglas, hängte diesen Apparat mit einem Bändsel am Achterstag auf und bezog Lauerstellung im Niedergang. Welch teuf-

lischer Versuch! In Scharen drängten sich die Angreifer an die süßliche Futterkrippe, nippten ein wenig, bekleckerten sich dabei Beine und Flügel, klebten am Sirup fest und strampelten sich in ihrem verständlichen Freiheitsstreben immer tiefer in die Soße. Gustaf war zufrieden — welch tolle Idee!

Leider ereignete sich jetzt etwas, was sein methodisch arbeitender Verstand nicht eingeplant hatte: Ein Tiger mußte seinen Rockärmel mit dem Sirupglas verwechselt haben. Er kroch hinein. Gustaf spürte sein Brummen, das immer wütender wurde, je weiter er sich in der engen Röhre vorarbeitete. Gustaf ergriff den Ärmel mit zwei Fingern und schüttelte ihn, um den Eindringling loszuwerden. Aber der war schon fast an der Schulter angelangt und krabbelte und surrte dort wie ein frühlingstrunkener Maikäfer. Verdammt noch mal!! Der Skipper reckte den Arm hoch und versuchte mit der Haut zu wackeln wie ein Pferd, welches Fliegen verscheucht.

Doch da war es passiert! Die hoch wie zum Schwur erhobene Rechte traf das am Achterstag aufgehängte Sirupglas. Es kippte um und lief aus. Die gelbe Soße kleckste zähklebrig über Arm, Schulter in seinen Kragen, wobei die kandierten Leichen plötzlich wieder zum Leben erwachten. Da — just in diesem Augenblick — schlug (d. h. stach) der in seinem Rock befindliche Tiger zu. Er traf genau Gustafs Nacken. Der Skipper schrie wie am Spieß, stürmte zum Hafenklo und hielt den Kopf unter die kalte Dusche. Die Mädchen kamen herbeigeeilt. Der Nacken schwoll an. Frieda konnte keinen Stachel finden. Gustafs Wut war grenzenlos, denn zur Schwellung kam der Schmerz.

Der blonde Jüngling klatschte wie verrückt mit seiner Latte. Frieda schimpfte über Gustafs Ungeschicklichkeit. Julchen hielt sich den Bauch vor Lachen. Der Käptn aber verkroch sich mit schmerzendem Genick in die Kajüte und kühlte grollend die gewaltige Beule.

Als die Sonne sank, zogen sich die Tiger zurück.

Am nächsten Morgen machte Gustaf das Schiff sehr zeitig zum Auslaufen klar. Dyreborg, das stand nun fest, war nicht der richtige Ort für sie. Kurz bevor die SINDBAD ablegte, lief eine große, weiße hamburgische Yawl in den Hafen ein und machte neben dem blonden Jüngling fest. Auf der SINDBAD sah man noch, wie die Frau Kapitän den Frühstückstisch im Cockpit deckte. Man sah den großen Marmeladentopf auf dem bunten Tischtuch stehen. Man sah auch, wie der blonde Knabe seine Latte holte und erwartungsvoll auf den neuen Nebenmann schielte. Das Öffnen des Marmeladenpottes warteten sie indessen nicht mehr ab. Da waren sie schon im Svendborg Sund.

SINDBAD trödelte nun zwei Tage in tigerfreien Revieren herum. Svendborg, Troense, Rudköbing und Insel Strynö. Dann lief Gustaf als letzten dänischen Hafen das idyllische Marstal an. Kaum hatte SINDBAD am Steg für ‚Lustsegler' festgemacht, als auch schon die ersten Ringelleiber ihre Aufklärungstätigkeit begannen. Gustaf blickte — fast automatisch — nach links und rechts. Da sah er ihn auch schon. Vier Schiffe weiter, lattenschwingend, den blonden Jüngling, sich seiner Feinde erwehrend.

Gustaf fühlte, daß seine Zeit gekommen war. Nun mußte zum großen Vernichtungsschlag ausgeholt werden. Diesmal sollte, nein m u ß t e es die genialste Tigerfalle aller Zeiten werden. Er suchte sich aus dem malerisch vor der Stadt gelegenen Abfallhaufen eine mächtige, durchsichtige Einliterflasche, füllte sie eine Handbreit mit herrlich duftendem Kirschsirup und stellte diese Höllenmaschine aufs Vorschiff. Hier konnte nichts mehr schiefgehen, umfallen oder ausschütten. Wer das Flugloch passiert hatte, war unrettbar verloren. Hei — wie das brauste und brummte! Wie in einem Aquarium beobachteten Julchen und der Skipper hinter sicherem Glas den Höllensturz der Tiger. Was für eine Siruporgie! Hunderte waren schon gefangen, aber zu Tausenden — was sage ich — zu Hunderttausenden hätte Gustaf sie vernichtet, wenn nicht — und das ist eben die Tragik aller Großwildjäger — sein Urlaub in dieser entscheidenden Phase seines Lebens zu Ende gegangen wäre. Und damit auch die Geschichte jener denkwürdigen Tigerjagd in Dänemark.

Die Dänen behaupten zwar in ihrer bescheidenen Art, solche Tiger gäbe es nicht nur bei ihnen — nein, woanders seien sie noch kräftiger und angriffslustiger. Aber wir wissen es besser: Ehre, wem Ehre gebührt — Dänemarks Tiger sind die Größten!

Im Schatten der Titanen

„Geh doch ma hin", hatte Frieda gesagt. Und Julchen hatte hinzugefügt: „Alle Väter gehn da hin. Da triffste irre Typen. Fürschten und Weltumsegler. Vielleicht sogar 'n Bundeskanzler. Mönsch, Klasse!"

Gemeint war der Festakt, mit dem jedes Jahr der berühmte Kapitän-Schlitzohr-Langfahrtpreis verliehen wurde. Durch eine richtige Königliche Hoheit. Und mitten im Winter bei Eis und Schnee. Warum, wußte niemand. War eben so. Hätte man den längst dahingeschiedenen Stifter fragen können, ob er etwa . . . hätte man sicher etwas zu hören gekriegt. Aber das ging nicht, der war längst tot. Schiet lot em! Es war eben so, und wem es nicht paßte, der konnte ja wegbleiben.

Gustaf war zwanzig Jahre weggeblieben, denn seine Beziehungen zu Fürstenhäusern und Berufsseglern entsprachen ziemlich genau seiner Gier nach Langfahrtpreisen. Aber man wird schließlich älter. Und das ist ja eben das Gute am Segelsport, daß mit den Jahren neben dem Bizeps auch Gemüt und Herz durch häufige Übung kultiviert werden. Und Gemüt und Herz die waren nun mal dafür, die schönen, erhebenden Dinge im Leben auch richtig zu genießen. Warum also nicht mal nach zwanzig Jahren zur Verteilung, nein, ‚Verleihung' des Schlitzohr-Preises gehen. Einmal unter den Großen dieser Welt, den Gewaltigen der Pinne, den Königen der Blauen Zunft weilen!

Gustaf nahm sicherheitshalber Heini mit, damit er jemand zum Unterhalten hatte. Man konnte ja nie wissen, wie so eine hochgestochene Party verlief. Aber schon am Eingang des Saales wurde ihm beim Studium der Sitzordnung klar, daß er von Heini nicht nur geografisch um einige Kabellängen versetzt war.

Doch nun war ihm alles egal. Er warf sich in die Brust, daß die Rückennaht seines Blauen knackte, und ‚schritt zur Tafel'. Er machte eine zierliche Verbeugung nach links, sagte „Gestatten, Gustaf“, eine Verbeugung nach rechts und eine nach gegenüber. Düwel ok, da war er ja in eine noble Gesellschaft geraten. Lauter steife Hemdbrüste zu Dinnerjackets und Smokings. Einer war sogar im Frack mit einer Backspier voller Blech. Dat war sicher der Fürscht.

Gustaf peilte vorsichtig die Lage. Da war sie also, die Elite der Sieben Meere. Sahen eigentlich nicht danach aus. Büschen zu rausgeputzt, fand er. Zu eischfein für die See. Wer von diesen gestiefelten Katern mochte wohl schon mal über den Atlantik geseilt sein? Der Dicke zu seiner Linken? Kaum zu glauben. Mit dem breiten Mors paßte der besser in einen Managersessel an Land. Und der Lütte an Steuerbord, der mit den vielen Abzeichen und Ehrennadeln am Klub-Blazer, das schien wohl mehr so ’n Funktionär zu sein. Vom Verband. Oder vom Bodensee. Mal sehen — — —. Er beschloß, beiden nachher ganz suutje auf den Zahn zu fühlen. Über irgend was mußte man sich ja schließlich bei Tisch unterhalten.

Die Suppe wurde eingeläutet, und mit ihr stieg der erste feierliche Toast. Gustaf erschrak — Dunnerkiel — war dat ergreifend! Er hatte nicht gedacht, daß man ihm für sein Geld soviel Tamtam bieten würde. Und erst die Begrüßung der Exzellenzen — Mann in de Tünn — die mußten sich ja wohl welche aus der Schweiz oder Österreich zugeborgt haben, denn hierzulande waren die in solchen Massen doch längst ausgestorben. Obgleich der Kommodore nur die mit den längsten Titeln aufzählte, dauerte es eine ganze Weile, bis die Kellner die Teller mit der kaltgewordenen Suppe wegräumen konnten.

Dann war erstmal Pause. Und das war die Gelegenheit für Gustaf, seine nachbarlichen Tischgespräche gezielt zu eröffnen. Aber komisch, immer wenn er seinen Kopf nach links drehte, um den Dicken zu fragen, ob er von hier sei (denn er hatte ihn noch nie am Bootssteg gesehen), quasselte der mit seinem Nebenmann. Und wenn Gustaf nach rechts zu dem Abzeichenständer schielte, redete der wie unklok auf seinen rechten Nachbarn ein. Und erst gegenüber! Da saß einer, der flachste über zwei Tische hinweg einen bulligen Stiernacken an, was alle furchtbar komisch fanden, denn der Bulle hatte den Inselpreis in den Sand gesetzt, weil er in einer Gewitterbö seinen Spinnaker übergekarrt hatte. Alle schienen sich zu kennen. Nur Gustaf kannte keinen. Und auch ihn schien keiner zu kennen, obgleich er doch immerhin seit zwanzig und mehr Jahren op See herumgeseilt war.

Gustaf fand das alles überhaupt nicht komisch. Eher bedrückend. Wer karrte denn schon seinen Spinnaker über. Den nahm man doch rechtzeitig weg. Offenbar gab es Dinge im Leben dieser Elitemenschen, von denen er noch nie etwas gehört hatte. Er stellte seine Versuche, mit den Nachbarn Kontakt aufzunehmen, ein und spitzte die Ohren. Mal hören, worüber die sich unterhielten.

Doch da kamen die Ober mit frischen Tellern und viel Geklapper, das jedes andere Geräusch übertönte. Und nach den

Tellern die Kartoffelbällchen, die saure Sahne, das gemischte Gemüse und das Appelmautz mit Kronsbeeren. Und dann die Hirschkeule — untermalt durch Mampfgeräusch und Rotspongeschlürf. „Prost", sagte der Dicke zu Gustaf und trank ihm zu. „Se sünn woll nich von hier", klopfte Gustaf auf den Busch. — „Nee", sagte der Dicke, „Flütz", was wohl soviel heißen sollte wie Fl.Y.C. — Gustaf hatte keine Ahnung, was das war. Ob er 'n Schipp hätte, wollte er wissen. „Klar", sagte der Dicke, „'ne IOR von A und R, verstehnse, Mark-III-Vermessung, Flushdecker!"

Gustaf verstand Bahnhof. Er kannte Ketsch und Yawl, Kutter, Sloop und ein paar dieser neumodischen Zelluloid-Glitschen, die aussahen und segelten wie Schuhkartons. Aber ein ‚Flushdecker' namens MARK war ihm noch nicht vor den Bug gelaufen. Von IOR ganz zu schweigen. Nee, dat war woll nix Gescheites. — Er wandte sich besser dem rechten Nachbarn — dem mit der Backspier — zu. Mann — der war ja schon ganz schön in Fahrt gekommen. Er kriegte gerade noch seinen letzten Rees mit, der etwa so klang: „Also, ich sage immer, Einseitenbandmodulation mit unterdrücktem Träger ist das größte Problem beim Orten von Küstenstationen." Als er sah, daß Gustaf ihm zuhörte, fügte er, zu ihm gewandt, hinzu: „Nicht wahr? Finden Sie nicht auch, daß die Bandbreite dafür viel zu schmal ist?"

Gustaf, der keinen Unterschied zwischen einem Einseitenband und einer Einbandseite machte, kuckte dumm aus der Wäsche. „Also, wat so 'ne Sachen angeht, also ..." Aber da räumten die Kellner lautstark die Hirschkeulenreste ab, und er hörte seinen Nebenmann gerade noch erregt rufen: „Dann schon lieber die Trennschärfe durch Einbau keramischer Filter verbessern ...", worauf das Geklapper der keramischen Teller den Rest seines Satzes überdeckte. War ja auch besser so. Sollte der Kerl doch seine Kaffeefilter einbauen wo er wollte.

Gottseidank folgte bald darauf die Laudatio und das Eis. Und anschließend die Preisvertei . . nicht doch! . . . Preisverleihung durch Kgl. Hoheit. Und eine lange Rede von jemand, den Gustaf nicht kannte, über Dinge, von denen er nichts verstand. Aber alle schienen sich zu freuen und klopften dem, der den Preis gekriegt hatte, auf die Schulter. Selbst die, die gehofft hatten, ihn zu bekommen und die leer ausgegangen waren, bezwangen ihre Wut und drückten dem Sieger die Hand, obgleich sie ihm doch sicher viel lieber in den Hintern getreten hätten. Ja, so fein waren dort die Sitten.

Und der Nachbar zur Linken rief: „Ich sag' euch, mit dem Reacher tat der Dampfer es einfach nicht. Aber als ich den Tallboy unterm Drifter setzen ließ, hatte ich Ted Heath plötzlich am Tampen." — Und der rechte Nachbar sagte etwas sehr Bedeutungsvolles über Einbandseiten oder Einseitenbänder, während der Mann gegenüber immer noch mit dem Bullen flachste, weil der die silberne Insel-Gießkanne nicht gekriegt hatte. — Gustaf war nicht zu Wort gekommen.

Trotzdem war es — fast — ein ganz gelungener Abend gewesen. Man hätte viel hinzu lernen können, wenn man nur verstanden hätte, wovon die sprachen. Als die Tafel aufgehoben wurde und alle lärmend in die Klubbar zogen, verkrümelte Gustaf sich. Ihm reichte es für heute. Er mußte das Ganze erstmal überdenken.

Auf dem Weg zur Garderobe traf er Heini. Komisch, der sah auch aus, als sei seine Seelenachse n' büschen verbogen. „He, Heini", sagte er, „ok all na Hus?" — „Klor", sagte Heini, „Mönsch, bün doch nich bescheuert." Nach einer Pause, als er sich den Mantel angezogen hatte, fügte er hinzu: „Dat wolln Segler sein und können nich mal 'ne Winsch von 'n Spill unterscheiden. De sind höchstens, also wat sind de woll... de sind höchstens bi de Marine. Aber höchstens! Wenn nich noch weniger."

„Oder von 'n Bodensee. Mit ehre blankgeputzten Knöppe!" machte Gustaf seinem Herzen Luft. Heini hatte ihm das erst so richtig klargemacht, daß er da nicht hingehörte. Er hatte jetzt mit einmal das ungute Gefühl, als habe er zur falschen Zeit am falschen Ort einen Blick in eine fremde, beunruhigende Welt getan. Nein, im Schatten der Titanen lebte es sich nicht gut. Gustaf beschloß, fortan Fürstlichkeiten, silberne Gießkannen und Hirschkeulen zu meiden. Und um den Schlitzohr-Preis würde er sich auch nie bewerben. Nun erst recht nicht — God sall mi bewohrn!

Winterfreuden

Es muß ein gewaltiger Urtrieb sein, der die Segler während der Winterszeit zu ihren Schiffen lockt. Und stark muß er sein, dieser geheimnisvolle Zwang, denn wie sollte man sonst eine Erklärung dafür finden, daß erwachsene und normale Familienväter Sonntag um Sonntag (und manchmal auch in der Woche) zu weit entfernt gelegenen zugigen, matschigen Lagerplätzen marschieren — nur um festzustellen, daß dort alles in Ordnung ist.

Wie sollte es auch nicht in Ordnung sein! Die Schiffe sind im Herbst sachgemäß an Land gesetzt und aufgepallt worden. Die Stützen sind verkeilt und mit Schwertlatten gegen Umfallen gesichert. Kräftige Planen, deren Zurringe mit Gewichten sturmfest gestrafft sind, überspannen das Ganze regen- und schneedicht. Was also treibt ordentliche Familienväter aus dem Haus und an einen so unfreundlichen Ort?

Beobachten wir einmal Freund Heini bei solcherlei mystischem Tun. Zunächst sieht er sich verstohlen um, ob ihn niemand beobachtet. Dann tätschelt er mit der flachen Hand den Bauch seiner Seemöve, als fahre er einem Gaul zärtlich über das Fell. Darauf geht er in die Hocke und peilt (zum hundertsten Mal) den einmalig eleganten Plankenstrak der Außenhaut. Nachdem er sich darüber genügend gefreut hat, pocht er mehrmals mit dem Zeigefingerknöchel gegen die Partien unterhalb der Gürtellinie. Als ob dort jemals etwas mulsch gewesen wäre oder hohl geklungen hätte! Aber der trockene Widerhall des knarschen Holzes ringt ihm trotzdem ein glückliches Lächeln ab.

Dann zupft er wie ein geübter Harfenist ein paarmal an den Zurringen der Persenning. (Schade, daß er ihnen damit keine Töne entlocken kann. ‚La Paloma' würde sich an diesem Ort gut machen.) Na ja — und dann läuft er einige Runden um seinen Kahn, nickt zufrieden mit dem Kopf und verschwindet beglückt in Richtung Heimat.

Gustaf hat es früher so ähnlich gemacht. Aber es hat ihn nicht befriedigt. So etwas müßte man täglich machen können und nicht nur am Wochenende. Deshalb besorgte er sich im Herbst eine neue Wohnung, wo die SINDBAD ihr Winterlager unmittelbar neben dem Haus fand. Nun steht der brave Dampfer unterhalb des Schlafzimmerfensters, und das Leben ist für Gustaf nochmal so schön.

Ach — was gibt es da plötzlich nicht alles auf dem Hof zu tun! Gustaf klopft Teppiche; Gustaf bringt dreimal täglich halbvolle Mülleimer nach unten, weil sie angeblich schlecht riechen; Gustaf fällt — rein zufällig natürlich — dauernd etwas aus dem Fenster, was er gleich wieder raufholen muß. Und jedesmal kann er diese Gelegenheit zu einem lütten Klöhnschnack mit seinem (von Natur aus leider etwas wortkargen) Freund benutzen.

Wie schön und harmonisch könnte solch ein Winter für die beiden verlaufen, hätten nicht des Schicksals finstere Gewalten sich gegen sie verschworen. Immer zaubern sie ihnen gerade dann ein Hindernis ins Fahrwasser, wenn sie eben glauben, die Schot ein wenig fieren zu können.

Mit Hindernis Nr. 1, dem Hauswirt Sauerbier, wird Gustaf noch am ehesten fertig, denn der meckert ja doch nur seiner ewig entzündeten Gallenblase zuliebe. Das bißchen Kram, was da auf dem Hof herumliegt, ist schließlich nicht der Rede wert. Gustaf hat außerdem ein ziemlich dickes Fell. Wenn Sauerbier SINDBADS alten Mast als Feuerholz für seinen Werkstattofen kriegt, hört er von selbst auf zu brummen. Und wenn schon! Er bekommt ja schließlich zehn Mark Miete pro Monat für den Liegeplatz.

Anders ist es mit Hindernis Nr. 2. — Das ist schon eine ganze Dalbenreihe von Hindernissen, die heil zu umsegeln von Gustaf die Kunstfertigkeit eines Slalomfahrers verlangt. Doch leider ist Gustaf weder in der Kunst des Slalomfahrens geschult noch im Umgang mit finsteren Mächten sonderlich geschickt. Deshalb kracht es manchmal, denn Frieda, seine Teure, liebte diese ‚Mätzchen', wie sie Gustafs Freundschaft mit SINDBAD nennt, durchaus nicht. Besonders nicht im Winter, und schon gar nicht, nachdem Julchen als Weihnachtsüberraschung einen Blauen Brief von der Schule nach Hause gebracht hat. Der arme Gustaf ist daran zwar völlig unschuldig, aber hätte er sich nicht etwas mehr um seine Tochter kümmern können? — Das Gegenteil ist schwer zu beweisen. Und so kommt es, daß Gustaf immer von einem peinlichen Schuldgefühl bedrückt wird, wenn er im Hof an seinem Kahn bastelt, während Julchen oben die Geographie Nordafrikas büffelt und Friedas vorwurfsvolle Blicke die Mauern des Hauses wie Röntgenstrahlen durchdringen, um mitten hineinzuzielen in SINDBADS Bauch, wo Gustaf gerade — dazu noch ohne Erfolg — bemüht ist, die häßlichen, dunklen Flecke an der Kombüsendecke mit Terpentin, einer Drahtbürste und viel idealistischer Hingabe zu entfernen.

So verläuft das trauliche Zusammensein mit seinem Freund auf sozusagen ‚engstem Raum' also nicht ganz ohne

seelische Konflikte, und Gustaf empfindet das Dreiecksverhältnis mit Sindbad und Frieda keineswegs als hundertprozentig.

Aber was soll er tun, der arme Kerl! Der umständliche Weg zum vereinseigenen Winterlager ist auch kein Vergnügen. Deshalb wählte er als das kleinere Übel den ‚Krach'. Und hat dafür sein Schiff auf dem Hof.

Was bedeutet so ein bißchen Familienkrach auch schon. Ach — da hat es früher ganz anders gekracht. Damals, als Julchen noch nicht auf der Welt war und Frieda ihm eines Tages das Ultimatum stellte: Gattin oder Schiff. Und als er sich dann ohne langes Zögern für die SINDBAD entschied, die sich bisher immer als garantiert zuverlässiger Partner erwiesen hatte. Na ja — Frieda war eine kluge Frau, und sie hatte nachgegeben, als sie merkte, wie ernst es Gustaf mit dem blöden Kahn meinte. Und das lag ja auch schon viele Jahre zurück. Aber es waren dann noch viele Kräche gefolgt — und immer nur wegen der Segelei. Sonst vertrugen sie sich prima, aber der Teufel mochte wissen, was die Frau gegen sein Schiff hatte.

Von Freud und seiner Psychoanalyse hat Gustaf natürlich nie etwas gehört. Die einzige ANNA LUISE, die er kennt, gehört Tetje Blohm. Und was Psyche ist — na, das ist sicher so 'n unanständigen Kram von Klein Erna oder so.

So bürstet er also die dunklen Placken von der Kombüsendecke, pfeift sich eins dabei und sieht mit einmal die Welt — im Schein der Kabellampe bengalisch erleuchtet — viel schöner und bunter als sie in Wirklichkeit ist. Und Frieda, Schiff, Blaue Briefe, Mülleimer, Sauerbier und Familienkräche verschmelzen in seiner Vorstellung zu einem munteren Ringelreihen, in dem die SINDBAD zufrieden und auch ein wenig geschmeichelt lächelnd den Mittelpunkt bildet, um den sich alles dreht.

Na und — — ?

Freunde

Freunde? Natürlich hat Gustaf Freunde. Ganze Masse sogar. Und in jedem Urlaub kommen ein paar neue hinzu. Aber Gustaf ist nicht glücklich mit diesen Freunden. Alles nicht so wie früher. Damals, ja das waren noch Zeiten! Ein gutes Dutzend junge Kerls waren sie im Klub, alle unverheiratet und fixe Seeschipper. Eine verschworene Crew, in der einer für den anderen eintrat. Ihre Boote — meist älteren Datums — trugen Schnapsnamen wie GIN, ARRAK, KÖM und LÜTTUNLÜTT. Wie lustig war es, wenn sie um das ‚Blaue Band der Giftbude' reesten: wer zuerst in Schleimünde festmachte, mußte einen Kasten Bier spendieren. Alles nicht so tierisch ernst wie heutzutage, wo Verlieren Schande bedeutet und Siege größenwahnsinnig machen. Ach ja — Gustaf wird direkt wehmütig ums Herz, wenn er an die große Zielfahrt nach Bagenkop, das Pfingsttreffen in Orth a/F und die vielen gemeinsamen Wochenendtörns denkt. Junge, Junge— da war was los!

Wo sind sie alle geblieben? Einige abgewandert oder weggeheiratet ins Binnenland und dem Wasser untreu geworden; andere fett und bequem im Lehnstuhl oder als Stegsegler auf Vorstandsposten gelandet. Wenn Gustaf es so recht bedenkt — in seiner Größenordnung ist eigentlich nur er nachgeblieben. Dabei sind keineswegs alle vom Wasser verschwunden. Nein, gut die Hälfte ist noch dabei. Aber sie haben die Boxen auf der vornehmeren Seite des Yachthafens bezogen. Sie liegen jetzt an der Prominentenpier. Und sie fahren auch keine schlanken Oldtimer mehr sondern hochkarätige Plastikschlitten für Seerennen; Motorsegler, die sie ‚Fifftififftie' nennen; oder gar, wie Waldemar, eine dicke, aufgedonnerte Lustschaukel von 18 Metern Länge mit viel Glas, Radar, einem Matrosen und 120 PS im Bauch.

Wenn man sich im Hafen trifft, heißt es zwar immer noch: „He, Gustaf, wo geiht?" Aber das ‚He, Gustaf' klingt fet-

ter, saturierter und nicht mehr so aus dem Herzen kommend wie früher. Gustafs alte Freunde von damals haben sich von ihm entfernt. Sie können nichts dafür, und es ist ja auch ein Glück, daß es sie und ihre dicken Plastikwannen gibt, denn wovon sollten die Werften sonst leben. Von ihm doch wohl nicht. Aber es schmerzt ihn doch.

Wenn es nach Frieda und Julchen ginge, müßte Gustaf ebenfalls längst auf der anderen Hafenseite liegen, denn hier, auf Sindbads altem Platz, ist die Kapitäneuse nur noch von jungem Gemüse umgeben. Aber Sindbad paßt nun mal nicht mehr in Waldemars neue PVC-Landschaft. Nicht der Größe nach und auch sonst nicht. Seien wir ehrlich — Gustaf fühlt sich auch nicht wohl neben Leuten, bei denen er den Kopf in den Nacken legen muß, wenn er von Bord zu Bord mit ihnen snackt.

Dabei ist Waldemar eigentlich ein netter Kerl geblieben, der bereitwillig seinen Tampen schwingt, wenn Gustaf (mit 2 Reffs im Groß und Dreck im Vergaser) vor Schleimünde gegen den hart auslaufenden Strom anknüppelt. Und der Gustafs Besatzung in Strande oder Möltenort auch immer gern zu einem Glas Portwein einlädt, wenn sie zufällig mal nebeneinander liegen. Nein, der Unterschied wird erst sichtbar, wenn Gustaf sich revanchieren möchte (natürlich nicht mit Portwein) und Waldemar seine zwei Zentner über Gustafs Seereling schwingt, wobei Sindbad mit dem Auspuff wegtaucht und Waldemars Emmi ihre Stretschhose in die Höhe ziehen muß, damit die Nähte nicht krachen beim Hangeln in Sindbads untere Regionen.

So etwas grämt Gustaf, und deshalb bleibt er lieber auf der billigen Hafenseite liegen, wo das Fußvolk der Förde sich in seinem Windschatten ducken kann. Er hat viel darüber nachgedacht, was das wohl für eine seltsame Macht ist, die in wenigen Jahren eingeschworene Freunde zu Fremden werden läßt. Er hat (wenn auch ungern) mit Frieda darüber gesprochen. Und Frieda hat es auf ihre Art und Weise so erklärt: „Na ja, was die Männer sind, die verändern sich eben mit den Jahren. Meistens liegt es an ihren Weibern. Waldemar hätte die Emmi nicht heiraten dürfen. Die verwöhnte Pute hat den guten Jungen total umgekrempelt. Schade um den Waldemar."

‚Quatsch', denkt Gustaf. Es tut ihm leid, daß er Frieda überhaupt gefragt hat. Die Frauen machen so etwas immer viel schlimmer. Er hätte lieber von ihr gehört, daß Waldemar ganz der alte wäre und nicht die Bohne verändert. — Nein, an der Emmi kann es nicht liegen. Sicher sind es nur die sozialen Unterschiede. Und er beschließt insgeheim, trotz des sozialen Unterschiedes, Waldemar weiterhin als seinen Freund anzusehen. ‚Sozial' — was bedeutet das schon für ihn.

Doch als er Waldemar auf dem nächsten Klubabend von seinem neuen OM 352 reden hört, den er im Herbst in den dicken Bauch seiner Motorquatze einbauen will, packt ihn — ob er will oder nicht — der kalte Zorn. „Segg mol", sagt Gustaf, „schämst du di gornich? Den dritten Motor in twe Johrn!"

„Wieso denn schämen?" antwortet Waldemar. „Bedenk doch mal: E i n h u n d e r t z w o u n d s i e b z i g PS!! Und dabei kann ich den Jockel sogar glatt über die Steuer wegquetschen. Als Notaggregat im Keller bei Stromausfall. Ich hab 'nen guten Buchmixer, der dreht das schon."

Steuern —! Wenn Gustaf das Wort hört, geht er in die Luft. Er muß bloß immer Steuern z a h l e n — was sollte er denn schon von seiner Lohnsteuer ‚absetzen'? Die SINDBAD schon gar nicht. Und ein Notaggregat braucht er im Keller auch nicht.

Das Leben ist gemein, findet Gustaf. Und nagende Zweifel an der sozialen Gerechtigkeit überschatten seinen guten Willen, Waldemar als Freund zu behalten. Waldemars dritter Motor steht zähnefletschend zwischen ihnen wie ein bösartiger Kettenhund. Und Gustaf beschließt, mit Waldemar nicht mehr über Motoren zu reden.

Aber worüber sonst?

Bordbekleidung

Es hieße Gustafs ästhetisches Empfindungsvermögen gewaltig unterschätzen, wollte man ihm den Sinn für modisch betonte Bordbekleidung rundweg absprechen. Nur weil er sich in seiner dunkelblauen Marineklappbüx wohler fühlt als in diesen unbequemen Röhren, wie sie heute getragen werden.

Doch es sind nicht nur die engen Hosenbeine, die sein sonst so inniges Verhältnis zum Fortschritt trüben. Auch sonst noch was. Früher, als er noch keinen Bauchansatz hatte, mochte das ja wohl noch angehen. Aber jetzt kneift jede neue Büx im Schritt und am Bund und sonst noch wo — nee, Gustaf bleibt bei seiner ollen Bordbüx. Ischa auch zu verstehn: nicht auf die Hose kommt es an, sondern auf das Herz, das darin schlägt.

Auf Julchens dringende Bitte hin hat Frieda ein paarmal versucht, ihm solche zeitgemäßen masochistischen Beinkneifer zu verpassen. Aber ihr modischer Traum zerplatzte regelmäßig an der dickköpfigen Treue, die den Skipper mit seiner geliebten, altgewohnten Umhüllung verbindet. Dazu gehören, gewissermaßen als integrierender Bestandteil, olivfarbene, langbeinige Unterhosen. Obwohl Gustaf freiwillig zugibt, daß lange Unterhosen altmodisch sind und überhaupt nicht schick, bleibt er beim antiken Gustafshape, denn was sich seit Nelsons Zeiten im Bordleben als praktisch bewährt hat, dürfte wohl auch — bei aller Reformfreudigkeit — für die SINDBAD taugen.

Man sieht ihn deshalb auf dem Vordeck in verwegener Pose wirken — ein fleischgewordenes Sigismund-Rüstig-Poster, ein lebendig gebliebener Anachronismus. Jedoch, das muß man ihm lassen, nicht ohne sinnfälligen Hang zu Tradition und Individualität.

Julchens besonderes Interesse findet immer wieder die wie ein Untermarssegel geschnittene, viereckige Hosenklappe. Wozu das gut sein soll, will sie wissen. Gustaf kriegt einen roten Kopf, denn es ist sicher etwas Unanständiges, aber genau weiß er es auch nicht. „Dor quäl di man nich üm, dat's Männerkrom", raunzt er ungnädig. Und er beschließt, mal einen von der Marine danach zu fragen, denn bei denen muß sowas ja in der Anzugordnung stehen.

Soweit also Gustafs textilienreiches Unterwasserschiff, verstärkt noch durch graue, halblange Angorasocken, die angeblich sowohl gegen Kälte als auch Wärme schützen sollen. — Oberhalb der Wasserlinie schwört er von März bis Oktober auf seinen verfilzten Isländer mit dem großgenoppten M+S-Profil. Er trägt ihn auch nachts — dazu eine blauwollene Zipfelmütze. Von wegen der Gesundheit, wie er sagt. Ohne seinen Isländer fühlt er sich nackt und verloren. Dessen Farbe hat sich im Laufe zweier Jahrzehnte vom satten Marineblau in ein silbern-fahles Polargrau gewandelt — eine Folge des andauernden Abnutzungsprozesses im Verein mit Friedas unzähligen Wasch- und Reinigungsversuchen.

Im Kleiderschapp hängen natürlich auch ein paar Hemden. Ein schickes, modisch-buntes Hawaii-Freizeithemd, welches Gustaf mit strafender Verachtung würdigt, obgleich es ein teures Weihnachtsgeschenk seiner Lieben ist. Ein braunes, dessen Farbe er abscheulich findet und das er auch sonst nicht gern trägt, weil er dazu Manschettenknöpfe braucht, die er nie zur Hand hat. Na, und dann das herrliche, strahlendweiße, bügel- und knitterfreie No-Iron-Original-NYLTEST-Hemd mit Lidokragen, das Frieda ihm eigens für Anholt gekauft hat und das ihm schon beim bloßen Ankucken fröstelnde Schauder über den Rücken jagt. Nee — dat's allens nix für Gustaf. Und wozu auch ein Hemd? Wo er doch seinen kratzigen M+S-Allwetterisländer hat!

Die Frauen haben es aufgegeben. Hauptsache, daß er ihnen wenigstens nicht in i h r e n Plünnenkram hineinredet. Tut er auch gar nicht. Schließlich ist er ja tolerant. Interessiert ihn überhaupt nicht, was die Weibsen sich an den Balg hängen. Nur zu bunt darf es nicht sein, und nicht zu eng. Und natürlich nicht zu ausgeschnitten, zu auffällig oder zu teuer. Vor allem das letztere. Frieda hat sich daran gewöhnt. Bei ihr kostet alles nur ‚zehn Mark'. Das ist die Preisgrenze, innerhalb welcher Gustaf gewisse modische Freiheiten eben noch duldet, besonders wenn es sich um eine Okkasion aus dem Ausverkauf handelt. Friedas und Julchens kleine Abstecher in die Welt der ‚Hautkotür' sind deshalb stets Ausverkaufsgelegenheiten unter zehn Mark. So einfach ist das.

Aber ganz so dämlich, wie die Frauen ihn einschätzen, ist der Skipper doch nicht. Manchmal hat er sogar direkt lichte Momente. So zum Beispiel Pfingsten in Schleimünde, als Julchen plötzlich obenrum mit was Rotem an Deck erschien. Die Farbe stach Gustaf sofort in die Augen wie alles, was nicht Blau oder Weiß war. Aber Rot war besonders schlimm. Doch das war es nicht allein. Saß das Ding nicht auch ziemlich stramm? Viel

war bei Julchen ohnehin nicht zu sehen, aber das wenige schien ihm doch reichlich stark betont. War doch noch ein Kind. Und keine Sexbombe. „Woher stammt denn dieser Fummel?“ wollte er unwirsch von Frieda wissen. „Du takelst dat Gör op as so’ne Miß Amerika. Ischa direkt schenierlich. Und denn r o o t !“ Frieda, die ihren Ollen kannte, winkte die Deern verstohlen unter Deck. Als Julchen wieder auftauchte, trug sie oben Blau und nicht ganz so stramm. Gustaf war versöhnt. Vielleicht hatte er es auch inzwischen vergessen, denn er war gerade mit dem Aufsetzen eines Taklings stark beschäftigt.

Na ja, und bei Frieda ist das so ähnlich. Sie weiß, daß sie dem Skipper mit was Rotem nicht unter die Augen treten darf. Auch gegen Gelb hat er etwas, obwohl das nicht so schlimm ist. Deshalb trägt sie an Bord Grün. Da kann sie immer sagen, es wäre ein beim Waschen ausgeblichenes Blau. So genau kennt Gustaf das nicht. Höchstens wundert er sich mal ein bißchen. Doch das geht vorüber.

Nur in Faaborg hatte es vor zwei Jahren Krach gegeben, als sie sich in einer spontanen Aufwallung modischer Reizimpulse im Kaufhaus eine von den billigen Lastexhosen gekauft hatte. Hellgrau mit einem Stich Beige, also völlig harmlos. Aber der Skipper war rein aus dem Häuschen, denn er hatte den Kassenzettel gefunden. 45 Kronen — welch eine Verschwendung!

Wäre Frieda klug gewesen, dann hätte sie die Büx erstmal ein paar Tage im Spind hängen lassen, bis Gustafs Groll verraucht war. Aber sie war eine Frau. Und die Büx war so schick. Also zog sie sie gleich an und stolzierte damit vor Gustafs Augen auf der Pier auf und ab.

‚Hüftenwackelnd', stellte Gustaf gereizt fest. Und das war zuviel für ihn. Ihm lief die Galle über, und er blaffte sein Kahnweib grob und unbeherrscht vor allen Leuten an, so daß Julchen ängstlich in der Vorpiek untertauchte, während Frieda mit roten Backen, die Arme in die Seiten gestemmt, sich anschickte, den Kampf aufzunehmen.

Gustafs erster, explodierender Satz war kein dialektisches Meisterstück, aber er saß: „Un ich segg di, de Büx sitt op dien Mors so prall as ne Worstpell ... " — Er hatte es kaum ausgesprochen, als Friedas Kopf schon einer Backbordlaterne glich, so sehr war ihr die Zornesröte ins Gesicht geschossen. „Also höre mal, du altes Ekel", zischte sie, „also ich will dir mal was sagen ... " Und sie sagte es. Aber Gustaf war bereits an Land geklettert und hatte — vorbei an dem feuerspeienden Vulkan — seinen Kurs auf Mutter Tingleffs Laden abgesetzt. Dort kaufte er sich, aus Wut und um das Verschwendungskonto auszugleichen, die beiden Tufnol-Blöcke für die Großschot, auf die er schon so lange scharf war und deren Erwerb er immer wieder zurückgestellt hatte, weil sie ihm zu teuer waren. Aber wenn diese putzsüchtigen Weiber sein (!!) Geld für solchen Quatsch rausschmissen, konnte er mit gutem Gewissen auch mal etwas zur Befriedigung seiner Wünsche tun. War ja schließlich eine Investition und kam dem Schiff zugute.

Während er die braunglänzenden Blökke zärtlich in seiner schwieligen Pfote wiegte, verrauchte sein Zorn, und ein verklärtes Lächeln deutete darauf hin, daß er sich mit der Damenmode diesmal ausgesöhnt hatte.

Nur nicht zu eng und ausgeschnitten durfte sie sein.

Und natürlich nicht Rot.

New Generation

Ob Gustaf es wahrhaben wollte oder nicht — Julchen war über Nacht zu einer lieblichen Jungfrau erblüht. Gustaf sagte zwar immer noch ‚dat Blag' oder ‚de Göre', wenn er von ihr sprach, doch die Veränderungen ihres Plankenstraks waren nicht zu übersehen.

Auch der Jollenführerschein und die harte männliche Erziehung auf dem Vorschiff der SINDBAD hatten nichts daran ändern können, daß Julchen nun mal kein Knabe geworden war, sondern eine rundherum gutproportionierte Deern mit blondem Wuschelkopf und blanken, blauen, kritisch blickenden Augen.

Gustafs Planung hatte offensichtlich versagt. Wenn er auch bis zuletzt noch an irgendeine Art wunderbarer Metamorphose geglaubt hatte, nun mußte es selbst ein Blinder mit dem Krückstock fühlen: Julchen war wirklich und wahrhaftig weiblichen Geschlechts. Und richtig nüdelich dazu.

Die Jungs am Hafen hatten das schon lange herausgefunden. Aber Gustaf — ahnungslos wie Väter eben sind, wenn es um ihre Brut geht — schloß messerscharf (weil nicht sein k a n n, was nicht sein d a r f) auf Kinderspielkram oder so was Harmloses. Doch da hatte Julchen längst ihre Puppen gegen Pickenbacks Willi von der THALATTA eingetauscht. Gustafs Aktionen kamen zu spät: Er hatte Julchen beim Knutschen mit Willi erwischt. Ausgerechnet der Strolch von der THALATTA! Wenn es wenigstens der Bengel einer seiner Freunde gewesen wäre. Zu dumm! Aber nun war es passiert.

Frieda wußte natürlich von nichts. Typisch. Immer blieb alles an ihm hängen. „Na, laß sie doch“, sagte Frieda, als er ihr vorwarf, sie habe als Mutter kläglich versagt, weil sie zu wenig aufgepaßt hätte. Weiter sagte Frieda nichts. Sie dachte wohl an die Zeit, als sie Gustaf kennengelernt hatte. Nur hieß das Boot damals nicht THALATTA.

Julchen maulte: „Ich will auf der THA-

LATTA segeln. Die Eltern von Willi sind viel netter als ihr!“ So etwas schmerzte natürlich. Wo blieb denn da die Dankbarkeit! Hatte man doch für die einzige Tochter ... Aber Julchen maulte weiter. „Denn segelt Willi eben bei u n s mit“, sagte sie bockig.

„Ick dreih den Kierl dat Genick um“, sagte Gustaf und ging ein paarmal unauffällig an der THALATTA vorüber, um Willi zu besichtigen. Kräftig sah er ja aus, der Willi. Für Ankermanöver und beim Reffen gut zu gebrauchen. Aber sonst ein ziemlicher Schlaaks. Und viel zu lange Haare.

„Dat's keen Minsch, dat's 'n Krümelmonster. De hett'n Kopp as'n Dweil“, sagte er nur. — „Och, ich find ihn Klasse“, sagte Julchen, „Willi ist okeeh!“ Und am Wochenende segelte der dweilköpfige Willi auf der SINDBAD mit nach Schleimünde. Nur zur Probe natürlich und sicher das erste und letzte Mal, denn so brutal wie der Kerl sich an das arme Julchen herangemacht hat, so ruppig ging er sicher auch mit der SINDBAD um.

Nur ungern überließ Gustaf ihm für kurze Zeit das Ruder und verständlicherweise erst, nachdem sie den gefährlichen Teil der Reise über den Stollergrund hinter sich gebracht hatten. Hier unter Land bei Boknis Eck konnte er ja nicht mehr viel Schaden anrichten.

Aber dann passierte Gustaf die Sache mit dem Klüverfall. Es glitt ihm beim Segelsetzen aus der Hand und rauschte nach oben. Gustaf sah den Schäkel aus Nirostastahl in den Wolken verschwinden, während das Fall sich zu seinen Füßen wie ein häßlicher Bandwurm ringelte.

„Verdammt noch mal“, schnauzte Gustaf den Rudergänger an, „dat kommt davon ... !“ Wobei er offenließ, was wovon kam. Doch danach fragte dann Julchen. „Mönsch Vati“, sagte sie kampfbereit, „da kann doch der Willi nischt für, wenn du das Fall ausrauschen läßt!“ — „Eben ... !“ bellte Gustaf gereizt zurück. Es war wieder nichts mit der Schuldverdrängung. Er überlegte: Wäre dieser Bengel nicht an Bord, hätte er selbst am Ruder gesessen, und Julchen hätte den Klüver gesetzt, und das Fall wäre nicht ausgerauscht ... nee, so herum ging es auch nicht. Wieso mußte ausgerechnet ihm so etwas Dämliches passieren.

SINDBAD fehlte der Klüver sehr. Sie boxte faul gegen den kabbeligen kurzen Schwell an, der ihr unter der Küste entgegenstand. Ohne Klüver war die SINDBAD am Wind ein lahmer Gaul. Gustaf fluchte „Schiet an' Boom“ und Schlimmeres. Das Fall blieb oben.

„Lot mi an't Ror!“ schnarchte er den verdatterten Willi an, der doch wirklich nichts dafür konnte, daß SINDBAD wie ein Schaukelpferd auf der Stelle bolzte.

„Soll ich Ihnen das Fall runterholen, Schipper?“ fragte Willi. — „Nee“, sagte Gustaf, der wußte, daß es bei dem Gebolze nicht möglich war, in den Mast zu entern.

„Wieso? Is doch kein Problem“, sagte Willi — froh, etwas sagen zu können, was seine Reputation in den Augen des Skippers etwas aufpolierte.

„Is doch ’n Problem“, antwortete Gustaf unwirsch. Er wurde immer ärgerlicher. Würde diese Rotznase ihm alten Salzbuckel etwa erklären wollen, wann, wie und bei welchen Seegang man in den Masttopp entern könnte? „Nich mal bis zur Saling kommst du“, sagte er höhnisch, „dann kann ich deine schäbigen Reste mit’m Spachtel vom Deck abkratzen!“ Er hatte das Problem längst erkannt. Es ging nicht, auch nicht mit einem Bootsmannsstuhl und einer Sorgleine um den Mast. Es war einfach zu viel Dünung.

Da setzte Willi, ohne ein Wort zu sagen, zu einem Sprung an. Er schnellte sich vom Kajütdach auf den Reffbeschlag des Großbaums, griff nach dem Großsegelfall und hangelte sich daran vier bis fünf Meter am Mast empor. Dann setzte er die Füße auf die Segelrutscher und kletterte mit wenigen, flinken Tritten am Vorliek entlang bis in Salinghöhe.

„Runterkommen!“ brüllte Gustaf. „Komm sofort an Deck zurück. Du büst woll mall — ohne Bootsmannsstuhl — und bei solchem Seegang!“ — Das hätte er sich ja nicht mal selbst getraut. Na ja, getraut wohl, aber nicht getan. Höchstens früher als junger Kerl, aber immer nur mit Bootsmannsstuhl und einem Makker, der ihn vorheißte. Dieser Haarmensch brachte ihm und Julchen wirklich nur Unheil. „Kumm stracks dal!“ rief er noch einmal.

„Ay, ay, Schipper“, tönte es von der Saling, „komme gleich. Aber mit dem Klüverfall!“ Und schon kletterte er, flink wie ein Affe, von der Saling weiter an dem sich verjüngenden Mast empor bis kurz unterhalb des Standers. Dort wickelte er seine langen Haxen fest um Mast und Segel, denn er wollte nicht abgeschüttelt werden. Der Masttopp machte in dieser luftigen Höhe nämlich tolle Bewegungen.

Als er sich ein paar Sekunden verschnaufte, rief Gustaf „Wat iss?“ — „Ende der Stange“, rief Willi zurück, der ein Witzbold zu sein schien. Dann packte er mit den Zähnen den Takling des Klüverfalls wie eine Katze ihr Junges und rutschte Hand über Hand am Großfall nach unten. Die langen Beine benutzte er dabei nur, um sich gegen den Mast abzufedern. „Irrer Trip“, sagte er, als er an Deck stand. Er keuchte dabei nicht einmal.

„Mönsch, Klasse!“ rief Julchen. „Was Vati, der Willi ist dufte, nöch? So möchtste klettern können, was!“

Gustaf schnappte nach Luft. Er räumte schweigend den Platz am Ruder für Willi, nachdem dieser den Klüver gesetzt, das Fall aufgeschossen, die Leeschot übers Spill gebraßt und die Luvschot klariert und korrekt überreppt hatte, woran niemand beim besten Willen etwas auszusetzen gehabt haben könnte. Nicht einmal Gustaf in seiner miesesten Laune. „Hmm“, brummte er nur, „wat ’n Leichtsinn!“ und gab die Pinne an Willi ab, der sich eine Zigarette anzündete und vergnügt grinsend des Skippers Platz einnahm, während Julchen strahlend an seine Seite rückte und ihn anhimmelte.

Gustaf hatte eigentlich vorgehabt, Julchen in Schleimünde nicht aus den Augen zu lassen. So ein langer, einsamer Strand. Und sein unschuldiges Kind mit diesem behaarten Wüstling zusammen.

Aber er trank dann doch, während die Frauen das Abendbrot bereiteten, in der Giftbude eine Buddel Export mit ihm und sah ihm dabei ernst in die Augen. Und nach dem Abendessen durften die jungen Leute auch mal nach den brütenden Möwen sehen, ohne daß Gustaf ihnen eine Ermahnung mit auf den Weg gab.

Nur so, um überhaupt etwas zu sagen, rief er hinter ihnen her: „Paß op, dat euch de Seeschwalben nich in'n Kopp hacken dohn!" Aber er meinte ganz etwas anderes. Doch er sagte es nicht.

Die ‚New Generation' hatte den ollen Gustaf ganz schön aufs Kreuz gelegt.

Jenes seltsame Gefühl

Wenn die Verhaltensforscher Gustafs Innenleben auseinander nehmen könnten, würden sie den Kopf schütteln: Gustaf ist innen ganz anders als erwartet. Er weicht erheblich von der Klischeevorstellung ab, die sich die öffentliche Meinung von einem alten Salzbuckel so macht.

„Quatsch", sagt Gustaf dazu, „ick bün as ick bün. Wat gohn mi de Lüd an!" Er weiß nicht, daß die Öffentlichkeit gar nicht daran denkt, sich von ihrem Klischee zu trennen. Salzbuckel haben eben bedächtig, erfahren, humorvoll und furchtlos zu sein. Vor allem aber furchtlos. Wie sollten sie sonst mit ihren Nußschalen die großen Meere überqueren können. Und je älter sie werden, um so erfahrener, um so humorvoller, um so furchtloser haben sie aufzutreten. Denn sie haben doch schon so viele Gefahren gemeistert, daß ihr Selbstvertrauen garkeine Zweifel an den eigenen Fähigkeiten mehr zuläßt. Es gibt dafür genug Beispiele: Männer, die im Opa-Alter die Hoorn einhand bezwangen; Greise, die nach ihrer Pensionierung die Welt in einem Fingerhut umsegelten. Von Slocum bis Chichester.

Gustaf durchsegelte weder den Indischen Ozean, noch kann er Fotos von SINDBADS Aufenthalt auf Barbados vorzeigen. Er klüst nur im Schutz der dänischen Küste den Belt rauf und runter, und seine weiteste Insel ist Anholt. Er hat auf See keine Tornados oder Hurrikane durchzustehen. Höchstens mal eine blauschwarze Gewitterbö im Samsöbelt. Aber er macht dies schon seit 20 Jahren allsommerlich mindestens 10mal durch, und die Gefahr der überstandenen Böen multipliziert sich mit 200 und erreicht dadurch Stärken nuklearer Ausmaße. Um wieviel heroischer als die Löwen der Weltmeere muß er der Umwelt demnach erscheinen. Denn: gibt es in seinem Fahrtenbereich überhaupt noch eine Gefahr, der er nicht schon x-mal getrotzt hätte?

— Nein! Was kann ihm also noch passieren? — Nichts.

Aber nun kommt das Sonderbare, das Unverständliche an Gustafs Wesen, das ihn so sehr von den Helden der See (und von dem Schema, das sich die öffentliche Meinung von ihnen gemacht hat) unterscheidet: Je älter Gustaf wird, desto mehr beunruhigt ihn jenes seltsame Gefühl. — Es geht von der Magengrube aus, durchpulst klopfend die Adern bis in die Fingerspitzen und versetzt sein vegetatives Nervensystem in schwirrende Erregung. Das Gefühl meldet sich beim Anhören des Wetterberichts, vor dem Auslaufen nach See, beim Aufziehen einer Wolkenbank über der jütländischen Küste und mitunter auch nachts, im sicheren Hafen, wenn Wind aufkommt und das Schlagen der Fallen ihn schweißnaß aus unruhigem Schlaf hochfahren läßt.

Gustaf hat dem seltsamen Gefühl zunächst keine große Beachtung geschenkt. Vielleicht sind es ‚die Dschahre', in die jeder Mann schließlich mal kommt. Oder der Einfluß des maritimen Reizklimas auf seinen empfindlichen Blutkreislauf. Wer weiß —. Ist ja schließlich auch kein Wunder bei der großen Verantwortung für Schiff und Mannschaft.

Er trinkt in derartigen Fällen einen ordentlichen Streifen aus ‚dem Buddel' und bekämpft damit eine Zeitlang erfolgreich solche Anwandlungen menschlicher Schwäche. Nicht mal Frieda merkt etwas davon, was bestimmt viel heißen will.

Aber die Anfechtungen der Natur mehren sich von Jahr zu Jahr und nehmen dabei zuweilen beklemmende Gestalt an.

Mit ‚dem Buddel' allein ist hier nichts mehr getan. — Gustaf beschwichtigt deshalb seinen inneren Menschen, sobald ihn dieser Zustand packt, zusätzlich mit milden Zigarren und begütigendem Zureden. Das geht eine Weile gut, aber dann verfangen auch diese Tricks nicht mehr. Jetzt merkt auch Frieda etwas, und sie macht sich so ihre weiblichen Gedanken.

Mit der Feststellung, daß Frieda etwas gemerkt hat, verstärkt sich seine Nervosität spürbar. Er wird jetzt nicht nur beim Abhören des Wetterberichts unruhig, sondern auch schon eine halbe Stunde vorher. Und in der Nacht vor dem Auslaufen wälzt er sich in seiner Koje von einer Seite auf die andere. Kommt dann noch nächtliche Brise auf, ist es mit dem Schlaf ganz aus. Gustaf hockt dann auf dem Kojenrand, lauscht dem Pfeifkonzert in den Wanten und zerknabbert seine kalte Zigarre zwischen dem Zahngehege. — Außerdem riecht er streng nach ‚dem Buddel'.

Selbst Julchen merkt etwas. Die Frauen stecken die Köpfe zusammen und finden, daß der Skipper sich in letzter Zeit sichtbar verändert hat. Er ist doch wohl nicht alt geworden?

Nein — da zunehmendes Alter für gewöhnlich die Weisheit fördern soll, kann diese Hypothese nicht stimmen — denn weise, nein, weise ist Gustafs Verhalten nun wirklich nicht. Welch weiser Mann kaut schließlich nachts auf kalten Zigarrenstummeln.

Aber was ist es dann?

Julchen sagt eines Tages laut heraus, was die Frauen bisher kaum zu denken gewagt haben: „Sag mal, Vati, hast du etwa Angst?" — Was könnte es sonst sein, das dem Skipper vor oder während kritischer Situationen den kalten Schweiß auf die Stirn treibt und seinen Zigarrenkonsum so bedrohlich steigert.

Gustaf zuckt zusammen. Er und Angst? Die Mädchen sind wohl toll. Pah — wovor soll er denn Angst haben.

Er beobachtet sich und seine Reaktionen einige Zeit argwöhnisch und mit großer Sorgfalt. Dann kommt er zu folgendem Schluß:

Angst, nein Angst ist es keinesfalls. Mehr so eine Art übertriebene Wachsamkeit. Eine magische Gewalt zwingt ihn, sich ständig daran zu erinnern, was er in solchen Lagen alles schon erlebt hat. Und — schlimmer! — sich mit realistischer Deutlichkeit auszumalen, was alles noch passieren *könnte*.

Ob er es will oder nicht — er muß unablässig an die zahllosen potentiellen Bruchstellen im Rigg, an die Gefahren fehlerhafter Navigation, an die Folgen falscher Manöver, an Nebel, Sturm und Gewitterböen denken. Und an die tausend Dinge, die eintreten könnten, wenn ...

Aber Angst, nein Angst ist das wirklich nicht. Allenfalls übergroße Vorsicht als Resultat jahrelanger Erfahrungen. Deshalb kaut er kalte Zigarren. Und deshalb schwitzt er beim Abhören des Wetterberichts. Aber Angst? Wie kann man nur Vorsicht mit Angst verwechseln. —

Typisch Frauen.

Die Hochzeitsreise

„Ich geb' sie euch", sagte Gustaf. Er meinte die SINDBAD. Sie war sein Hochzeitsgeschenk für Julchen. Das heißt — nicht die ganze SINDBAD auf einmal, aber doch ein Stückchen davon, nämlich das Stück, welches für Julchens Hochzeitsreise gebraucht wurde.

Eigentlich war das gegen Gustafs Grundsätze. Gewisse Dinge verleiht man nicht, eine Zahnbürste, eine Frau, ein Schiff. Aber wenn es um das eigene Kind ging, mußte man wohl ein Auge zudrükken, wenn's auch schwer fiel.

Am besten wäre es, wenn er mitkäme. Er und Frieda im Vorschiff und das junge Glück auf den Messekojen. Sie würden die Jugend nicht stören. Nur mit zupakken, wenn es nötig war — ein paar zusätzliche Hände sind auf See immer zu gebrauchen.

Frieda sah Gustaf groß an, als er ihr von seiner Hochzeitsüberraschung erzählte. Sie glaubte fest, jetzt sei der Skipper vollends übergeschnappt. „Mann in de Tünn", sagte sie, „kannst du die Kinder nicht mal im Bett allein lassen? Dascha woll nich meuglich — mit Schwiegereltern auf Hochzeitsreise. Du büst woll mall worn!"

„Quatsch", sagte Gustaf, dem es nicht gefiel, wenn Frieda Platt snakte, denn dann lag meistens was in der Luft. „Sieh ma, mien Deern," säuselte er verlegen, „die Kinners freuen sich bestimmt, wenn jemand für sie das Deck aufklart, Schietenkleier speelt un Backschaft mokt."

„Nu pedd di ober nich op 'n Slips," erwiderte Frieda gereizt, die heute anscheinend ihren niederdeutschen Tag hatte. „Du bliffst to Hus, und de Kinners fohrn alleen. Basta!"

Hm — Gustaf fand, daß das keine gute Lösung war. Wenn schon ohne Boot, dann konnte er mit Frieda doch wenigstens eine kleine Reise mit dem VW machen. Irgendwohin, wo es keinen Yachthafen gab, denn am Steg stehen, wo keine SINDBAD lag, das war zu und zu schrecklich.

Frieda war mißtrauisch. Was hatte der Kerl wieder vor? Der dachte doch nur an Wasser und Boote. „Wenn, dann nur in'n Schwarzwald. Da wollte ich schon immer hin," sagte sie, um mal zu hören, wie Gustaf darauf reagierte. Zu ihrer Überraschung sagte Gustaf: „Ollreit Smutje, pack die Koffer!" Er hatte im Atlas nachgesehen und den Titisee entdeckt. Das war Wasser ohne Yachten. Das machte ihn nicht so traurig. War nur noch die Quartierfrage zu klären.

Doch eben dies erwies sich weitaus schwieriger, als Gustaf es sich gedacht hatte. Mit der probaten SINDBAD-Methode, ‚Klamotten an Bord, Maschine an, Leinen los' ging es im Schwarzwald nicht. Zumindest nicht, wenn man am Wasser wohnen wollte mit Fenstern zum See, Möwenschreie im Ohr und etwas (wenigstens e t w a s !) Teergeruch in der Nase.

Nach allerlei Korrespondenz und dem Studium dicker Prospektbündel stellte Gustaf fest, daß man nirgendwo so leben konnte wie an Bord der SINDBAD. Und schon gar nicht im Schwarzwald. — Der Skipper konnte sich nicht entscheiden.

Dann kam Julchens Hochzeit dazwischen mit all dem zeitraubenden und kostspieligen Gedaddel. Und auch mußte

jetzt die SINDBAD für die Hochzeiter seeklar gemacht werden. — Gustaf wußte immer noch nicht, wohin seine und Friedas Reise gehen würde.

Wie gut, daß wenigstens die Kinder ihren Spaß hatten! Daß Julchen ihren Willi gekriegt hatte, war nicht ganz nach Gustafs Geschmack gewesen. Er hätte es am liebsten gesehen, wenn sein Töchting überhaupt nicht geheiratet hätte. Es war doch immer so schön gewesen, die vielen Jahre, zu dritt auf der SINDBAD. Aber der Willi war wenigstens ein patenter Segler, das glich vieles aus, wenn auch nicht alles. Er hatte einen ordentlichen Beruf. Und die Haare trug er auch nicht mehr so lang, seitdem er bei ihnen auf der SINDBAD segelte. Nur, für Julchen war er eben nicht gut genug. Niemand war gut genug für Julchen, das war klar. Aber Willi war es erst recht nicht.

Und nun waren sie alle am Hafen. Frieda hatte eine Apfeltorte für das junge Paar gebacken und einen Korb voll Eingemachtem mitgegeben. Gustaf hatte einen Raumballon spendiert. Er hatte sich immer schon einen gewünscht, aber nun war endlich der richtige Anlaß gekommen. Ein Hochzeitsgeschenk, an dem auch der Spender Freude und Nutzen hatte. So praktisch schenken konnte wirklich nur er.

Die Abschiedszeremonie war so wenig feierlich wie alle solch peinlichen Situationen. ‚Paßt schön auf den Wetterbericht auf, fahrt recht vorsichtig, meidet das Schießgebiet vor Schwansen, achtet auf den Wasserstand in der Bilge, schließt auf See das Lokusventil . . .' ach, es gab so vieles zu sagen, aber man sagte eben doch nur das, was man gar nicht sagen wollte.

Willi wurde es langsam zu dumm. Er startete den Motor und warf die Leinen los. Tschüüs! Mast- und Schotbruch! — SINDBAD tuckerte Richtung Norden. Frieda schluckte heftig. Aber auch Gustaf zuckte verdächtig mit den Mundwinkeln. — Tschä, so war dat Leben eben!

Auf dem Nachhauseweg dachte Frieda zum ersten Mal wieder an ihre eigene Reise. „Wohin fahren wir eigentlich? Schwarzwald oder Bodensee?" fragte sie den Skipper. — „Och", sagte der und tat so, als ob er darüber überhaupt nicht mehr nachgedacht hätte, „vielleicht 'ne Fahrt ins Blaue? Mal sehn, wo es uns hintreibt."

Bei diesem Satz hätte Frieda hellhörig werden müssen. Gustaf war kein Mann, der ‚ins Blaue' fuhr. Wohin also dann? Aber sie war noch so sehr mit Julchen beschäftigt (die arme Göre, wie mag es ihr gehen, ob der Willi auch lieb zu ihr ist), daß sie nicht genau hinhörte.

Und so setzte sie sich am nächsten Morgen zu Gustaf ins Auto und wußte immer noch nicht, wohin die Reise gehen sollte. Der Skipper schwieg. „Mol sehn", sagte er nur kurz, als sie ihn fragte, wie weit er heute fahren wollte. Sie kannte ihn. Es hatte keinen Zweck, mehr aus ihm herausholen zu wollen.

Der Skipper fuhr eine halbe Stunde. Dann waren sie in Eckernförde. Frieda war überrascht. Von Kiel nach Süden ging es doch nicht über Eckernförde. „Nee", sagte Gustaf, „wi fohrn ja ok gornich no Süden." — „Wohin denn", wollte Frieda wissen. — „Nach Dänemark", sagte Gustaf trocken.

Dänemark? Frieda war entsetzt. Über zwei Jahrzehnte waren sie nach Dänemark gesegelt. Immer nur nach Dänemark, nie woanders hin (wohin sollte man denn sonst auch von Kiel aus segeln) — aber jetzt, mit dem Auto, wieder nach Dänemark, nein, das war einfach zu viel für sie. Sie heulte.

Gustaf sah ziemlich schuldbewußt aus der Wäsche. Er war nun mal kein Freund von Tränen. Also umdrehen. Nee, dat ging zu weit. Er ließ was von ‚Kopenhagen' fallen, um Frieda etwas aufzuheitern. Aber er wußte genau, daß sie nie nach Kopenhagen fahren würden. Und Frieda wußte es auch. Sie wurde jetzt so wütend, daß sie das Heulen vergaß: Sie wollte nicht nach Kopenhagen, sie wollte zum Lago Maggiore oder an den Gardasee. Zur Not auch an den Titi- oder Bodensee. Aber jedenfalls nicht nach Dänemark.

Doch da waren sie schon in Schleswig. Und Gustaf hielt an und kaufte ihr einen reizenden durchsichtigen Regenschirm mit Blümchen drauf, der sie halbwegs versöhnte. Als sie nach dem Mittagessen weiterfuhren, fand sie den Gedanken, in Flensburg Kaffee zu trinken, schon garnicht mehr so schlecht. Übernachten wollten sie in Kolding, hatte Gustaf gesagt. Kolding kannte sie. Deshalb achtete sie hinter der Grenze nicht mehr auf den Weg.

Über eine prächige Panoramastraße fuhren sie entlang der Flensburger Förde nach Osten. Doch was wußte Frieda schon, wo Osten war. „Wo mögen jetzt wohl die Kinder sein", fragte sie Gustaf. Das Wasser zur Rechten hatte sie vage an irgend etwas erinnert, an was genau wußte sie nicht. — Gustaf zuckte zusammen. Verlegen murmelte er: „De Kinners — och, de hebbt hüt Nacht in Schleimünde festmokt und sünn nu all längst in'n Lütten Belt bi Assens oder Baagö." Aber er wußte, daß es aus Nordost wehte und die SINDBAD heute von Schleimünde aus den Wind auf die Nase hatte und als einzigen Hafen Sonderburg anliegen konnte.

Gustaf und Frieda kamen über eine Brücke. Die Brücke überquerte einen großen, belebten Hafen mit vielen Yachten. Frieda kam der Hafen irgendwie bekannt vor. Aber, mein Gott, aus dieser luftigen Höhe sah alles so anders aus. Fast hätte sie gemeint, es wäre Sonderburg, aber das konnte es ja nicht sein.

Es w a r Sonderburg. Und die SINDBAD lag auch dort. Sie schien erst vor kurzem eingelaufen zu sein. Die Plünnen waren noch naß und in der Sonne zum Trocknen vorgeheißt. Die Kinder waren nicht zu sehen. Sicher waren sie an Land einkaufen gegangen, wer weiß. — Frieda war platt. Also hatte sie dieser Bursche wieder mal reingelegt. Aber das sollte er büßen!

Gustaf wollte an Bord klettern. Frieda riß ihn am Rockärmel zurück: „Du Unmensch!" — Gustaf meinte, wieso, war ja schließlich immer noch sein Schiff. Frieda schnaubte, ob er denn gar keinen Takt hätte. „Nee“, sagte Gustaf, „ick schiet op Pietät un Takt.“ — Frieda war verzweifelt. Immer machte der Skipper alles kaputt. Aber das Glück ihrer Kinder sollte er diesmal nicht zertrampeln. Sie nahm ihn auf den Tampen und schleppte ihn ab. Einkaufen, Hotelzimmer suchen, Bummel zum Schloß — immer im Bogen um die SINDBAD herum. Nach dem Abendessen schlug sie einen Spaziergang an der Küste nach Hörup Haff vor oder sonstwohin, von ihr aus zum Mond, aber jedenfalls weg vom Schiff.

Gustaf hatte indessen nur eins im Sinn: seinen Kahn. Bis zum Abendessen im Hotel beherrschte er sich noch gerade so. Aber dann gab es nicht anderes als hin zur SINDBAD. Mochte Frieda alleine durch den Wald nach Hörup latschen, e r wollte zur SINDBAD. Nix weiter. Und was Gustaf wollte, das tat er auch. Immer! Und nicht erst später sondern gleich.

Auf der SINDBAD waren die Plünnen abgeschlagen. Das Deck war sauber aufgeklart. Die Kinder saßen gewaschen und gekämmt und sehr brav im Cockpit. Für Gustaf gab es nichts zu beanstanden.

„Vati! Ihr hier?“ Julchen schien mehr erschrocken als freudig bewegt. Und auch Willi fragte besorgt: „Was ist passiert?“

„Tschä, hm“, räusperte Gustaf sich und sah Frieda hilfesuchend an. — „Na, was soll schon sein“, sagte sie, „Sehnsucht hat er halt, der Vati.“

„Nach u n s ?“ fragte Julchen gerührt. Vati hatte Sehnsucht nach i h n e n . Es war fast nicht zu glauben. Doch dann dämmerte ihr was. „Du willst ja bloß sehen, ob die SINDBAD noch heil ist. — Also das finde ich richtig gemein von dir, Vati. Das hätte ich gar nicht von dir gedacht!“ Und Willi sagte: „Kannst ja an Bord kommen und kucken.“

Gustaf fühlte sich wieder mal schnöde verkannt. Er zierte sich und sagte „Nee“. Doch Frieda meinte resolut, wenn sie schon mal da wären, dann könnten sie auch . . . ! Willi holte Bier aus der Eisbox; Gustaf stopfte seinen Knösel mit Dunhill Star aus dem Transitbeutel; Frieda wischte mit dem Lappen über die Gräting, bevor sie sich setzte; Julchen holte Köm und Zigaretten aus der Pantry. So saß die Familie alsbald im Cockpit der SINDBAD vereint, sagte Prost und Skol und klönte von Seegang, Windstärken und wie gut der neue Ballon stand. Es war alles wie früher. Fast. Nur eine Kleinigkeit war anders.

Als es dunkel wurde, trat Frieda ihrem Gustaf auf den Fuß. Ach ja, sie mußten ja gehen. Schade eigentlich. Am liebsten wäre der Skipper an Bord geblieben. Warum eigentlich nicht. Sie waren ja immer zusammen gesegelt.

„Gustafff!“ sagte Frieda, und es klang etwas drohend.

Als sie sich verabschiedeten, fragte Gustaf ganz beiläufig — mit einem Blick zum Stander, um zu sehen, woher der Wind kam — wo sie denn am nächsten Tag hinwollten. Apenrade, Aarösund oder gar Kolding? Das läge ja alles schön auf ihrem Weg. Da könnte man sich abends ja wieder — —.

„Barsö —", sagte Julchen, und sie wußte, warum sie Barsö sagte. Barsö war eine Insel und nur mit einem Boot zu erreichen. Sie sagte es trocken und knapp, und es klang nicht mehr kindlich, wie Gustaf es von ihr gewohnt war. Es war wohl doch nicht alles mehr so wie früher. Vielleicht war es diese Kleinigkeit, diese dumme Kleinigkeit, die alles verändert hatte. Mein Gott, eine Heirat war doch kein Grund, gleich mit der ganzen Familie zu brechen. Gustaf schüttelte den Kopf. Er verstand das alles nicht.

„Also nach Barsö wollt ihr", sagte er bedauernd, „aber der Hafen ist doch viel zu lütt. Und los ist da auch nichts."

„Eben —!" sagte Julchen und blickte dem Vater dabei fest in die Augen. Der Skipper spürte, daß sie es ernst meinte und sah seine Tochter fast stolz an. Dunnerkiel, wenn die nicht aus seinem Holz geschnitzt war! Der Willi würde ganz schön Höhe laufen müssen, um von der Deern nicht den Wind aus den Segeln genommen zu kriegen.

„Also viel Spaß auf Barsö", sagte er. Frieda fügte schnell hinzu: „ — und auf Wiedersehen in zwei Wochen zu Hause!" Der blöde Kerl sollte gar nicht erst auf dumme Gedanken kommen. — „Tschüs", rief Julchen ihnen nach, „amüsiert euch gut in Kopenhagen!"

Kopenhagen. Als ob Gustaf da jemals hingewollt hätte. Nun, wo er die SINDBAD gesehen hatte und alles an Bord in Ordnung gewesen war, und Julchen nur nach Barsö segelte, um ihn los zu sein, was sollte er da noch in Kopenhagen.

Als sie am nächsten Morgen aus Sonderburg abfuhren, blickte er von der Brücke nicht einmal zum Hafen hinunter. War ihm egal, ob die SINDBAD da noch lag oder schon ausgelaufen war. 'Ne Tochter mußte jeder Vater eines Tages verlieren. Aber ein Kind u n d ein Boot zugleich, das traf hart. Was sollte er da noch nach unten kucken. Mochte der Kahn zum Teufel segeln! Er fuhr nach Kiel zurück. Für ihn war diese Reise zu Ende.

Hinter der Grenze sagte Frieda, die bis dahin geschwiegen hatte: „Du hast es ja so haben wollen. Nun werde auch damit fertig." Und Gustaf beschloß, damit fertig zu werden, wenn es auch sehr bitter im Hals schmeckte.

Hundezeiten

Gustaf hatte sich zur Ruhe gesetzt. Was vielen Rentnern in den letzten Jahren vor ihrer Pensionierung als grausames Los vorschwebt, bedeutete für ihn die Verwirklichung seiner heißesten Lebenswünsche: Segeln bis zum Umfallen! — Die Freunde und Verwandten schüttelten den Kopf. Gustaf mußte verrückt sein. Vielleicht war er es auch. Aber er genoß seine Verrücktheit mit der abgeklärten Ruhe eines buddhistischen Mönches. Was ging ihn die Welt an, er war Segler aus Passion. Das war für ihn Weltanschauung, Gelübde und Inkarnation zusammen.

Frieda war anfangs mit von der Partie gewesen. Aber nach einem verregneten Sommer stieg sie in Kolding an Land und fuhr mit der Eisenbahn zu Julchen,die mit Willi in Hamburg lebte. Frieda war schließlich nicht mehr die Jüngste — sie hatte genug für immer; außerdem machte ihr Rheuma ihr heftig zu schaffen.

Gustaf schipperte die SINDBAD allein südwärts und kam drei Wochen später in Kiel an. Er hatte eingesehen, daß es so nicht ging. Der Mensch war nicht für das Alleinsein geschaffen. Es ging ihm dabei gar nicht um die Unterhaltung. Er sprach sowieso kaum, wenn er auf dem Wasser war. Aber es mußte doch jemand mit ihm fühlen können.

Als der Winter mit allerlei Umbauten vergangen war, hatte Gustaf einen Entschluß gefaßt: Ein Köter sollte an Friedas Stelle treten. Hunde reden wenig, leiden nur selten an Rheuma, sind anspruchslose Esser und dabei treue Mitsegler. Außerdem neigen sie nicht zur Seekrankheit.

Über ein Zeitungsinserat kam er an einen zweijährigen Airedale-Rüden namens ‚Marius von Berkshire'. Beinahe hätte er ihn des Namens wegen nicht genommen. Aber er nannte ihn einfach ‚Macker' und schlug so zwei Fliegen mit einer Klappe: Hund und Vorschotmann in einer Person.

Eine Beschreibung Mackers können wir

uns ersparen. Er besaß alle guten und schlechten Eigenschaften eines normal entwickelten und von den Menschen noch nicht verkorxten Hundes. Zudem war er ein ausgeprägter Individualist und hatte Humor.

Mitte Mai legte Gustaf vom Bootshafen ab und begab sich auf die lange Reise zum Kattegat. Er wollte in Marstrand — wie er sagte — einen alten Freund besuchen. Ohne Grund fährt schließlich kein vernünftiger Mensch 300 Seemeilen nordwärts. Andererseits sind Menschen um einer Wette willen um den halben Erdball geschippert. Es kommt also nur auf den Grund an. Wer wollte denn auch schon zugeben, er segle nur des Vergnügens halber?

Macker machte die Sache offensichtlich Spaß. Er kriegte kein Rheuma und wurde nicht die Spur seekrank. In Laboe, Strande und Schleimünde übten die beiden das Zoll-Spiel. Das ging so vor sich: An Land mußte Macker auf das Kommando ‚Zoll' losflitzen und irgendwo hinter einem Busch volle Deckung nehmen. An Bord hatte er unter der Gasrohrkoje im Vorschiff unsichtbar zu werden. Wenn Gustaf pfiff, durfte er wieder auftauchen. Dieses Spiel war wegen der skandinavischen Quarantänevorschriften notwendig, die durch den Zoll überwacht werden. Wenn sich ein Zöllner blicken ließ, hatte Gustaf natürlich niemals einen Hund gehabt. Einen Hund? Was sollte er mit einem Hund an Bord? Außerdem war es doch verboten, Hunde nach Dänemark einzuschmuggeln.

In Sonderburg machten sie eine Probe aufs Exempel. Gustaf und Macker wanderten am Hafen entlang. Ein Briefträger in Uniform tauchte auf. „Zoll", rief Gustaf halblaut. Macker flitzte los und verschwand hinter dem nächsten Kiosk. „Tüüt", pfiff Gustaf. Macker erschien grinsend aus der Versenkung, als wenn nichts gewesen wäre. Ein Soldat ging vorüber: Das Spiel wiederholte sich. Macker war der geborene Schauspieler, ein richtiges Naturtalent.

Das Spiel war reif, dem Zoll vorgeführt zu werden. Zur Ehrenrettung des dänischen Zolls muß hinzugefügt werden, daß dieses Verfahren nur im ersten Jahr Erfolg hatte. Dann kannten sämtliche Hafenzöllner Dänemarks den Trick und pfiffen von weitem immer schon „Tüüt", worauf Macker zum Vorschein kam und ihnen die Hand leckte. „Das isz doch szicher nicht Ihre Hynd?" fragten sie dann nur verständnisvoll, was Gustaf mit scheinheiligem Augenaufschlag verneinte. Er und ein H u n d ? Na, so etwas!

Schwierig war das Problem, des Leibes Notdurft auf dem Wasser zu befriedigen. Nicht für Gustaf, der in derartigen Lagen über artistische Gewandtheit verfügte — aber diffizil für Macker, der in solchen Dingen etwas genierlich war. Ein Mast ist schließlich kein Baum, und anständig scharren konnte man auch nirgendwo. Eine prophylaktisch von Gustaf vorbereitete Sandkiste entlockte Macker nur ein mitleidiges Lächeln. Er war doch kein dämliches Katzenvieh! ‚Denn nicht', dachte Gustaf und überließ es seinem Vorschotmann, mit Haltung und Entschlossenheit derartige Anfechtungen des Leibes von Hafen zu Hafen zu regeln. Wenn Macker die Zeit bis zum Anlegen zu lange dauerte, trippelte er breitbeinig an Deck herum wie ein kleiner Junge, kurz bevor er sich in die Hose macht. Aber Macker hielt dicht, was für seinen Charakter spricht.

Schlimm war es, als Gustaf in Augustenborg seine Kusine Gertrud besuchen wollte, die dort verheiratet war. Hier kannte ihn der Zoll noch nicht. Er hatte drei Stunden mit Maschinenschaden in der Flaute getrieben. Macker rollte wie ein prall aufgeblasener Luftballon über Deck und stand kurz vor dem Platzen. Als sie anlegen wollten, erwartete sie der Zöllner auf der Pier. „Zoll", rief Gustaf.

Macker stelzte mit gespreizten Beinen ins Vorschiff. Der Zöllner hatte viel Zeit, er war ja ein dänischer Zöllner. Er kriegte einen Schnaps und wurde zur obligaten Friedenspfeife unter Deck gebeten. Dort kam er ins Schwatzen. „Wo kommen Szie her, haben Szie was szu verszollen, wie lange bleiben Szie hier ...", und so weiter. Gustaf saß wie auf glühenden Kohlen. Der arme Macker — er mußte Qualen leiden! Nach einer endlosen halben Stunde konnte er den Zollpapst endlich von Bord komplimentieren, und die Luft war rein. „Tüüüt!" — Kein Macker kam. „Tüüüüt!" — Nichts regte sich im Vorschiff. Ob Macker nun doch geplatzt war? Gustaf blickte besorgt unter die Gasrohrkoje. Der Platz war leer. Aber dann hörte er ein bekanntes Bellen an Land und entdeckte zugleich des Rätsels Lösung: Macker hatte nicht mehr warten können und war dringender Geschäfte halber durch das offene Vorluk an Land gejumpt, derweil sein Schipper angstschwitzend mit dem Zöllner parlierte.

So friedlich Macker sich an Bord benahm, so munter war er an Land. Er hatte mit der Zeit Seebeine bekommen, was sich in einem breitbeinig pendelnden Paßgang ausdrückte. Wenn er neben seinem Skipper ging, schaukelte der eine wiegenden Schrittes nach links und der andere nach rechts. Gustaf blieb gern an Schaufenstern stehen, wo Schiffsausrüster ihren bunten Messingkram ausgestellt hatten. Macker interessierte sich mehr für Dinge, die sich bewegten, wie Katzen, Tauben und Kinderbeine. Fremde Hunde verachtete er. Er hielt sich neben ihnen für ein besonderes Wesen, so eine Art Hundezentaur, halb Mensch, halb Vieh, aber doch wohl mehr Mensch. Und das prägte sich in seiner Haltung aus.

In Apenrade zeigte er eines Tages, was für ein geschickter Artist er war. Gustaf hatte das Schiff an Land nehmen müssen, damit die Werft an der Schraube arbeiten konnte. Nun war das Deck plötzlich zwei Meter über der Erde, und der Verkehr in die Kajüte wickelte sich über eine weitsprossige Leiter ab.

Während die Niedergangsstufen für Macker kein Hemmnis darstellten, machte die Leiter ihm zunächst Sorgen. Aber es dauerte keine halbe Stunde, dann hatte er kapiert, wie man sich an solch einem

Gestell emporangelt. Immer hübsch Bein nach Bein über die Sprossen gehakt und nach unten feste gestrampelt. Nur abwärts gab es einige Schwierigkeiten. Die ersten zwei Sprossen schaffte er noch mit Mut und Zuversicht, aber dann war es aus. Schließlich half er sich mit einem kühnen Sprung auf den mit Hobelspänen weich gepolsterten Erdboden. Als er das einige Male geübt hatte, machte ihm das Klettern Spaß, und es ging jetzt rauf und runter, bis den Schipper der viele Schmutz an Deck ärgerte und er die Leiter einzog.

Mackers Verhältnis zum feuchten Element war zunächst nicht das beste. Bis er eines Tages beim Anlandspringen ausrutschte und mit einmal merkte, wie erholsam so ein Bad im Seewasser ist. Von da an gab es für ihn kein Halten. Der Skipper brauchte ihm nur ein Stück Holz zu zeigen — schon jumpte er im Hechtsprung außenbords und versuchte zu apportieren, was noch gar nicht geworfen war. Manchmal führte das zu unliebsamen Reisestörungen.

So zum Beispiel, als Gustaf beim Auslaufen aus Anholt sein Knösel ins Wasser fiel — just in dem Augenblick, als er die Schoten dichtholte, um sich zwischen den engen Molenköpfen des Außenhafens hindurchzuhalsen. Der Knösel war sowieso abgesoffen, aber nun schwamm der Köter jappsend und jaulend im Kielwasser achteraus, und das war viel schlimmer. Man konnte ihm doch keinen Rettungsring zuwerfen! Oder konnte man? Nein — natürlich nicht. Also hieß es: Ran an den Wind und zwischen den Molen ein schulmäßiges Mann-über-Bord-Manöver exerzieren, was zur Freude der zahlreichen Badegäste einiger vergeblicher Anläufe bedurfte.

Tiergeschichten pflegen im allgemeinen so zu verlaufen, daß irgendein trauriges Ende den Schlußstrich unter das letzte Kapitel zieht. Bei Macker ist das anders. Er begleitet den grieskÖpfigen Gustaf heute noch auf allen Reisen, teilt Freuden und Leiden der manchmal sehr unchristlichen Seefahrt mit ihm, kennt alle Manöver und tut so, als ob er kräftig dabei mithilft. Wenn er nicht in diesem Winter zufällig von einer Straßenbahn überfahren worden ist, werden wir ihn im kommenden Frühjahr sicher wieder an Gustafs Seite durchs Leben schaukeln sehen.

Tüüt!